高校思政教育教学创新研究

李 闯◎著

线装书局

图书在版编目（CIP）数据

高校思政教育教学创新研究 / 李闯著. -- 北京 ：
线装书局，2023.7
ISBN 978-7-5120-5544-5

Ⅰ．①高… Ⅱ．①李… Ⅲ．①高等学校－思想政治教
育－教学研究－中国 Ⅳ．①G641

中国国家版本馆 CIP 数据核字(2023)第 127250 号

高校思政教育教学创新研究

GAOXIAO SIZHENG JIAOYU JIAOXUE CHUANGXIN YANJIU

作　　者：李　闯
责任编辑：曹胜利
出版发行：线装书局
　　　　　地　　址：北京市丰台区方庄日月天地大厦 B 座 17 层（100078）
　　　　　电　　话：010-58077126（发行部）010-58076938（总编室）
　　　　　网　　址：www.zgxzsj.com
经　　销：新华书店
印　　制：河北创联印刷有限公司
开　　本：710mm×1000mm　1/16
印　　张：13
字　　数：272 千字
版　　次：2023 年 7 月第 1 版第 1 次印刷
定　　价：88.00 元

线装书局官方微信

前　言

　　思想政治教育作为一种意识形态，渗透在高校生活的方方面面。高校思想政治教育主要通过课堂思想政治理论课和学校组织的相关活动展开。课堂思想政治理论课主要来自思政老师的讲授，通过课堂教学向学生传输主流的、应有的思想观念、政治观点、道德意识，这也是高校思想政治教育的主要形式。此外，高校思想政治教育的展开方式还有讲座、社团活动、宣传栏目等。

　　高等学校的根本任务是育人，高校承担着人才培养、科学研究和服务社会的职能，是培养全面发展的高素质人才的摇篮，思想政治教育在高校显得尤为重要。作为高校基础工作的思想政治教育工作，它的最根本问题就是学生的成长和发展问题，就是确立更高的目标、创造更好的条件、采取更好的措施、开辟更好的途径，为学生的健康成长和全面发展保驾护航。大学生是党和国家的宝贵人才资源，是民族的希望、祖国的未来，做好高校思想政治教育工作，对于提高毕业生综合素质、提升现阶段人才水平，进而更好地服务于经济社会发展具有重要意义。

　　本书从对以往高校思想政治教育概述入手，介绍了高校思想政治教育的创新，接着详细地分析了传统文化融入高校思想政治教育创新、新媒体背景下高校思想政治教育创新、微时代背景下高校思想政治教育创新，最后在高校校园文化与思想政治教育创新方面做出探讨。

　　本书在写作的过程中参阅了很多相关文献资料，并受到巨大启发，获益颇多，笔者在此对这些文献资料的作者表示最诚挚的谢意。由于编者水平有限，书稿难免存在一定的不足与缺陷，希望广大读者多提宝贵意见，以便我们不断改进和完善。

目　录

第一章　高校思想政治教育概述

思想政治教育是社会或社会群体用一定的思想观念、政治观点、道德规范，对其成员施加有目的、有计划、有组织的影响，使他们具有符合一定社会要求的思想品德的社会实践活动。

思想政治教育是中国精神文明建设的首要内容，也是解决社会矛盾和问题的主要途径之一。思想政治教育既十分重要，又相当难做，尤其是在市场经济的条件下，中国的思想政治工作存在着相对疲软的状况，很不适应现代社会发展要求。造成思想政治工作不力的原因很多，其中重要的一个原因是长期以来我们忽略了人格教育及培养。人格教育是思想政治教育的基础，没有这个基础，思想政治教育就犹如无根的浮萍，总是漂浮在人的思想表面而不能深入下去。

原因在于：第一，人格是人生价值观念形成的稳定的心理基础。人的价值观念必须统一和稳定，这就需要一个人的心理过程及其人格形态是统一而稳定的。否则，分裂的人格只能产生分裂的观念。第二，人格是形成特定世界观和人生观的内在心理依据。世界观是对于世界的认识，正确的世界观虽然来自正确的理论指导和学习，但如果没有良性的人格形态作为内在心理依据，外在的观念灌输就很难起作用。第三，人格是形成特定道德素质的主要动力。人格具有品质化的特性，因此，人格一旦形成，人就具有了相应的内在质地，不同的质地会适应不同的道德倾向，良性的人格自然易于建立良性的道德素质。当然，人格的这些基础作用并不是绝对的，而往往是相对的。同时它还与人的价值观、世界观、人生观和道德意识发生相互的影响和转化作用。因而，人格既有统一性和稳定性，也有分化性和可变性，这些特性也决定了良性人格的不易养成。

总之，人格状态可以说就是细微的、隐性的和原始的思想道德状态，而思想道德则往往是发展了的、成型的、成熟的、显性的人格表现。

第一节　高校思想政治教育的含义

思想政治教育学是一门指导人们形成正确思想行为的科学，它以人的思想行为形成变化的规律，以及实施思想政治教育的规律作为自己的研究对象。其中人的思想、观点和立场的转变及人生观、世界观的形成规律是研究的重点。

一、高校思想政治教育的实施者和接受者

高校作为思想文化建设和人才培养的重要场所，在国家经济社会发展全局中居于重要地位，高校思想政治教育工作更是高校建设的生命线。一直以来，理论界对于高校思想政治教育的理论体系存在诸多观点。当前，高校所处的内外环境复杂多变，界定高校思想政治教育的实施者和接受者，概括其利益和意识，进而把握实现其主义和主题的方式，成为高校思想政治工作的基础内容之一。

（一）高校思想政治教育的实施者

从事思想政治教育的教师和人员是高校思想政治教育的实施者，其职责和作用是从事思想政治教育，承担两个文明建设的基础和保证作用，并起到塑造人格和培养受教育者科学思维的作用。在思想政治教育过程中，教育者处于矛盾的主要方面、占主导地位、发挥主导作用。教育者必须根据社会所要求的思想体系、政治观念和社会道德规范对受教育者进行思想政治教育。而思想教育能否顺利进行并达到预期的目的，很大程度上在于受教育者积极性、主动性的发挥，而这个积极性和主动性的发挥又取决于主体——教育者的积极引导和努力激发以及科学地调动。所以，主体积极教育的过程就是教师积极引导和努力

激发、科学调动大学生在教育过程中的主动性、积极性，并由此达到教育的目的。

思想政治教育主体的教师要达到教育的目的和结果，就必须通过努力学习，不断提高自身的政治素质和思想素质，积极参与科研活动，不断提高科学理论水平；转换脑筋、更新观念，树立市场观念、竞争观念、效益观念、开拓创新观念。同时，主体还应该掌握客体的一些主要特征，即教师应该把掌握大学生的思想特征作为思想政治教育的切入口，帮助大学生逐渐掌握自我评价的标准，形成积极、主动的自我教育能力，使其主动性、积极性得到充分发挥，并将正确的信念和正确的行为动机付诸实践，思想政治教育才真正达到目的。

（二）高校思想政治教育中的接受者

思想政治教育的接受者就是指接受思想政治教育的对象，指的是高等院校全体受教育的大学生。大学生能动受教育的过程，是在一定的引导下的自我教育过程，这一过程在某种意义上是受教育者自身的思想矛盾运动的过程。高等院校的大学生所接受的教育和影响，既具有教育者所施加的正面的、积极的影响，又会受到社会上负面的、消极的影响，所以，对于受教育的大学生来说思想政治教育是一个充满积极与消极、干扰与抗干扰的复杂的、矛盾的过程，这就制约着大学生在选择上的取舍。

当代大学生作为思想政治教育的接受者一般具有以下特征：

1. 思想具有社会性

大学生思想状态源于社会，社会上的一切重大情况、现象及其对青年的影响都会在大学生身上表现出来。

2. 认知具有能动性

大学生是最富有主观能动性和积极创造性活力的群体，他们对思想政治教育具有主动的选择意向，这正好体现了他们的独具个性的自我认知状态。

3. 身心的可变性

大学生是一群从生理到心理正在趋向成熟的群体．特别在心理上、思想上可塑性更大。

（三）高校思想政治教育中实施者和接受者的关系

大学生在接受思想政治教育时往往从自己的主观出发，这种主观是充满矛盾的，导致大学生在选择取舍上的矛盾和摇摆，所以，要使得思想政治教育具有针对性和实效性，教育者必须了解和掌握大学生的思想特征以及社会思潮在大学生身上的反映。

在现实中和理论上，教育者的主体地位和主导作用是肯定的，受教育者的客体地位和服从的角色也是不可置疑的。但是，如果把这一点绝对化，把主体和客体绝对对立起来，这在思想政治教育中后果是不堪设想的。如果过分强调实施者的权威性，虽然能够确立较完整的和较系统的思想政治教育内容，而主体被当作是整个教育的绝对中心，大学生则是处于绝对的服从或被动的接受地位，这就必然导致大学生感到自己的主动性和积极性被忽视或否定，进而使得大学生对思想政治教育的认识以及对思想政治课的内容仅仅停留在表面的认识和服从阶段，阻碍大学生对思想政治教育由认同到内化的过渡，无法达到真正意义上的思想政治教育的效果。相反，如果过分强调大学生是思想政治教育的绝对核心，这样虽然能够发挥大学生的主观能动性，能够充分发挥大学生的自我意识、自我评价、自我分析及自我选择的能力，但教育者就只能听凭学生的自主选择，很被动地跟在大学生后面，这必然导致大学生的自我意识的膨胀，这种膨胀起来的自我意识在不正确的外因影响下必然忽视甚至否定思想政治教育及其导向作用，并由此引发对整个教育方向的否定。任何教育活动都不是教师的单独活动，也不会只起教师的单向作用，在教育过程中除了有教师的主动因素外，还必须有学生的能动因素的介入。

思想教育和其他教育一样，是一个师生交流的过程。或者说是一个主体和客体之间双向的、互动的过程。肯定教育者在教育过程中的主导地位，决不能否定学生的主观能动性。事实上，受教育者的主动性、积极性、创造性正是构成了教育者主导地位的一个侧面。因为，教师的主导地位必须建立在学生主观能动性充分发挥的基础上；同时，教师主导作用的实现必然带来学生主观能动性的充分发挥。主体主导作用的目的在于学生的学习是有效的学习，这就必须以调动和发挥学生的主动性、积极性、创造性为前提，要实现这一目标，目前最有效的方法之一就是进行教师和学生角色互换，把教师的积极教育过程与学生的能动受教育过程融为一体，使之成为一个统一的过程。

实施者与接受者的角色转换，具体来说就是：在一定条件下，当涉及某些社会敏感问题和热点问题时，大学生的角色可以转换为教师角色，在课堂上由大学生主讲，以青年学生独特的自我感受和理解对这些问题进行分析和说明，或者创设有冲突、有矛盾的"情感场合"，引导大学生自觉地进行是非选择。与此同时，教师的角色则转换为学生角色，并以学生的身份了解、接受或学习他们对社会问题的分析和讲解。

在教学实践中，这一方法非常有效：它既消除了师生的心理距离，增加了大学生的对课程和教师的信任，又避免"一边倒"和"满堂灌"造成的学生反感、教师被动的状态，并提升了学生参与的积极性从而激发了学生的学习主动性；对于教师来说，最大的收益就是在第一时间、最直接地获取了大量的反馈信息，这样教师可以及时掌握大学生思想动态和认识问题、分析问题的方法，以利于调整教学内容，另外，鼓励大学生提高自己的认知能力和充分正确地发挥主观能动性，肯定大学生的正确选择、引导大学生摆脱思想的偏差、走出认识的误区，培养大学生切合实际的理性思考问题的习惯，排除大学生自己社会责任意识中存在的主观性和情绪色彩。思想政治教育是为经济建设服务的、为社会发展服务的。新形势下的思想政治教育应当围绕培养大学生的素质开展，应当准确把握大学生的思想特点，舍弃简单、空洞的教条，变单一的灌输式的教为双向互动式的交流，增强高等院校思想政治教育的针对性和实效性。

二、高校思想政治教育的主要内容和任务

（一）高校思想政治教育的主要内容

根据我国教育法规定，国家在受教育者中进行爱国主义、集体主义、社会主义的教育，进行理想、道德、纪律、法制、国防和民族团结的教育。教育应当继承和弘扬中华民族优秀的历史文化传统，吸收人类文明发展的一切优秀成果。这些都是思想政治教育的主要内容，也就是我国各高校思想政治教育的基本内容。其中每一项内容又具体可分为许多方面。

爱国主义教育主要包括中华民族悠久历史教育和优秀传统文化教育，党的基本路线和社会主义现代化建设成就教育，中国国情教育，社会主义民主和法制教育，和平统一、一国两制的方针教育。

集体主义教育包括尊重、关心、理解他人，集体成员之间团结协作的教育；为集体服务，维护集体荣誉的教育；关心社会，为家乡、社会的公益事业贡献力量的教育；正确处理个人与集体、国家利益关系的教育；以集体主义为导向的人生价值观的教育。

社会主义教育包括社会发展规律的教育，社会主义现代化建设经济常识教育，邓小平理论教育。通过教育使大学生正确理解党的基本路线，拥护党的领导，坚持走有中国特色的社会主义道路。

理想教育包括人生理想教育、道德理想教育、职业理想教育和社会理想教育。理想教育的核心就是培养学生树立献身社会主义现代化建设事业和坚定信念。理想教育应当和世界观、人生观教育结合起来，和科学信仰教育结合起来，使大学生在社会、人生、事业等方面树立正确的理想与奋斗目标。

道德教育包括中华民族优良传统道德教育，社会公德教育和道德评判能力的培养，社会主义道德教育，职业道德和环境道德教育。

纪律与法制教育包括宪法及有关法律常识和法规的教育，知法守法，维

护社会稳定，运用法律武器自我保护和抵制违法乱纪行为的教育。要让大学生树立起社会主义民主法制观念，教育学生自觉遵纪守法、勇于同违法现象作斗争，服从国家和集体的统一意志并具有高度的组织性和纪律性。

国防教育包括国防意识和国家安全意识的教育，捍卫祖国独立、维护国家主权和领土完整的教育，军民团结教育和对普通高等学校在校生进行基本军事训练。增强大学生的国防意识和国家安全意识，使他们初步具备基本的军事素质和技能，自觉地捍卫祖国的尊严、独立和统一。

民族团结教育包括树立马克思主义的民族观、宗教观的教育，党的民族政策和宗教政策的教育，民族团结历史的教育。要让大学生了解我国的民族团结政策和宗教政策，树立各民族一律平等的思想，自觉维护民族团结和祖国统一。

中华民族具有五千年悠久的历史和灿烂的文化，因此，在高校思想政治教育活动中要始终坚持把那些世代相传、长期积淀下来的优秀历史文化传统继承、弘扬下去。同时，要努力吸收人类文明发展的一切成果，凡是对我国经济和社会发展有积极作用的外来文化，特别是先进的科学技术，具有普遍适用性的经济管理和其他管理经验，先进的教育思想和教育方法，优秀的文学艺术、文化思想以及文明健康的生活方式与生活习惯等，都应该积极地予以吸收。

（二）高校思想政治教育的主要任务

在社会主义现代化建设的新时期，我国高校思想政治教育工作面临的重要任务是要全面贯彻党的教育方针，以实现培养德智体美劳全面发展的社会主义建设者和接班人为目标，培养和造就"四有"新人。因此，高校思想政治教育工作必须以坚持正确的舆论导向，用科学的理论武装人，用高尚的情操鼓舞人，唱响社会主义、爱国主义和集体主义的主旋律为主要内容，大力加强师生员工的理想信念、道德观念和世界观、人生观、价值观教育，加强行为规范的养成教育。

1. 加强理想信念教育

理想信念教育是思想政治教育工作的核心内容，因此，加强理想信念教育是保证社会主义现代化建设顺利进行的必然要求。在新形势下，加强理想信念教育首先就是要切实抓好科学理论武装工作。马列主义、毛泽东思想、邓小平理论、"三个代表"重要思想、科学发展观、习近平新时代中国特色社会主义思想是指导中国人民顺利进行社会主义现代化建设的科学理论，是实现中华民族伟大复兴的强大思想武器和坚强精神支柱，是统一全党、全国人民意志的坚实思想基础。只有用马列主义、毛泽东思想、邓小平理论、"三个代表"重要思想、科学发展观、习近平新时代中国特色社会主义重要思想武装师生员工，才能引导他们不断地解放思想、实事求是、与时俱进，正确认识共产党执政规律、社会主义建设规律和人类社会发展规律，正确认识国家的前途和命运，澄清在社会主义问题上的错误观点和模糊认识，从而坚定建设有中国特色社会主义的理想信念。

要对师生进行正确的世界观、人生观、价值观教育。理想信念与世界观、人生观、价值观紧密相连。崇高的理想信念，归根结底来自科学的世界观和正确的人生观、价值观。马克思主义的辩证唯物主义和历史唯物主义是指导我们观察和认识世界的科学世界观，这一科学世界观给我们指出了观察世界、认识历史发展的正确方法，得出了资本主义必然灭亡，社会主义必然胜利的科学结论；全心全意为人民服务是每个共产党员应当奉行的正确人生观，这一人生观指明了师生应如何正确对待生死、荣辱、顺逆、得失、苦乐和贫富的关系，使他们在人生道路上正确前进；以个人利益和集体利益相结合、集体利益高于个人利益为原则的价值观，使我们懂得了集体利益之所以高于个人利益的客观必要性，有利于正确处理个人与他人和个人与社会、集体、国家的关系。

要在师生中开展马克思主义唯物论和无神论教育。共产主义理想信念是建立在辩证唯物主义和历史唯物主义世界观基础上的。唯心主义和封建迷信是同马克思主义根本对立的，是同共产主义理想信念根本对立的。要教育师生不断学习和掌握辩证唯物主义和历史唯物主义基本原理，学习科学知识，掌握科学思想、科学精神和科学方法，用马克思主义的立场、观点、方法来分析各种社会思潮，增强识别各种反科学、非科学、伪科学的能力，坚定共产主义的理想信念。

2. 加强道德观念教育

道德是调整人与人、人与社会之间关系的行为准则，是人们关于善良与邪恶、公正与偏私的观念、原则和规范的总和。道德属于意识形态范畴，其产生和发展受到生产力水平制约，然而它一旦产生，就具有相对独立性，对社会生产力的发展具有反作用。就其本质而言，道德是人们在一定历史条件下为维护自身生活，实现人生价值，完善人的本质，协调或消解人性内在及外在矛盾所形成的，通过内心信念、评价态度、行为规范、公众原则等方式起作用的观念行为系统。道德活动，是人类文化活动的一部分，它所担负的历史使命与人类文化活动的根本目的和内在精神是一致的。同时，道德的性质及其作用，主要取决于人类文化在历史中所呈现的整体性质，取决于构成文化整体的其他部分发展的历史水平。

道德具有阶级性、时代性、民族性和传承性的特点。在我国社会主义现代化建设的新时期，必须在全社会、全体人民中牢固树立起以集体主义为核心，坚持国家、集体、个人三者利益相统一的，为人民服务，艰苦奋斗、勤俭建国，吃苦在前、享受在后的社会主义道德观。在当前的我国各高校，加强社会主义道德教育要注意把握好以下几点：

一是正确把握高校道德建设的出发点。在社会主义市场经济条件下，作为高校校园文化建设重要内容的思想道德建设应适应社会主义市场经济体制这一社会现实，以马克思主义为指导，结合社会主义发展的实践，构建起科学和系统的适合现代校园文化和道德建设的体系。这一体系在注重统一性的同时，应当体现多样化、多层次，实现先进性和广泛性的统一。

二是注意高校道德实践的差异性。由于高校学科和专业设置不同，表现出的文化内容有所侧重，民主道德生活实践层面上也显示出差异。在构建具有科学性、开放性、时代性的校园精神文化体系时，应注意循序渐进，因校制宜，充分认识其建设的复杂性和长期性。

三是正确把握高校道德建设的落脚点。在高校，必须把思想道德建设的落脚点放到追求知识、崇尚科学的宗旨上来，落实到培养人整体素质和促进入才的全面发展上来。要把社会主义的政治素质、道德素质和科学文化素质作为一个整体来考虑，加强师生在观念、信仰、道德等层面的建设，促进他们在道德方面向内探求，引导他们对科学文化知识的探索，使他们做到知行统一，内外一致，在追求个体完美的同时，追求社会至善。

3. 加强行为规范养成教育

高校在加强对大学生的思想政治教育过程中，一定要重视对他们进行行为规范的养成教育，从具体行为习惯的养成抓起，从一点一滴抓起，努力培养他们的文明行为和道德规范。要认真贯彻实施《高等学校学生行为准则》，严格校规校纪，加强良好校风学风建设，把传授知识同陶冶情操、养成良好的行为习惯结合起来，把个人成才同国家前途、社会需要结合起来，形成热爱祖国、关心集体、尊敬师长、勤奋好学、团结互助、遵纪守法的风气。同时，要坚持教育同生产劳动相结合的方针，积极组织学生参加生产劳动和社会实践，帮助他们认识社会，了解国情，增强建设祖国、振兴中华的责任感。加强大学生的思想政治教育是一项社会性的系统工程，只有动员社会各方面力量共同努力才能做好这一工作。教师在学生思想政治教育中发挥着关键的作用，一定要认真履行教书育人的任务，言传身教，为人师表，引导学生德智体美劳全面发展。学校要主动同社会和学生家长密切合作，互为补充，形成教育合力。要充分发挥共青团、学生会等社群组织团结和引导大学生共同进步的作用。近年来，在全国各地开展的"希望工程""青年志愿者"和"手拉手"等活动，使大学生增长了爱心，懂得了关心他人，感受到助人的快乐，取得了良好的教育效果。

三、高校思想政治教育的人性关怀

现代思想政治教育研究表明，思想政治工作内容是指思想政治工作主体通过思想政治实践活动，作用于思想政治工作对象客体的理论化、系统化的意识形态体系，是由政治教育、思想教育、道德教育、心理教育等构成的，具有一定稳定性的结构体系。思想政治教育的本质就是要培养有知识、有道德、有信仰的人，即实现人的全面发展。马克思首次提出的"实现人的自由而全面发展"是相对现代文明人而言的，它是人类的最高层次，是人们追求的最高境界，是精神文明可持续发展的终极目标。要实现人的自由和全面发展，首要的一点是实现人的现代化，人的现代化与整个社会进步是一个双向构建的过程，人的素质的提高是核心，作为"个人"的现代化，至少需要具备如下特征：有正确的世界观、人生观、价值观，具有高尚的道德情操，追求真善美，具有现代知识结构，具有较高的文化素养，注重知识更新，有正确的思维方式和健康的心理特征等。

以人为本既是时代进步与社会发展的迫切要求，也是人的全面发展的必然要求，对我国的市场经济和社会主义现代化建设具有十分重要的现实意义。党与国家提出了全面建设小康社会的目标，这必将使人们的思想、心理和信仰等精神世界产生深刻影响。人们所以产生这样那样的思想问题，从根本上说是由于其物质和精神的需要得不到满足，是人的主体需要没有得到考虑而出现的种种表现。因此，做好新形势下的思想政治工作，必须将工作的切入点放在受教育者身上，针对每个具体的人的特定思想形成的客观原因和影响因素，通过有效改变某些外在因素和条件，达到影响人的思想的目的。而高校作为培养人与教育人的基地，是造就有理想、有道德、有文化、有纪律的全面发展的社会主义建设者与接班人的重要场所。

大学生是党和国家的宝贵人才资源。全面提高大学生的思想道德素质和科学文化素质，是实现科教兴国战略和人才强国战略的重要保证。温家宝总理在全国教育工作会议上指出："德育、智育、体育、美育是一个有机整体。德育的核心是帮助学生树立正确的人生观、价值观，确立崇高的人生目标，使学生有高尚的道德情操，成为有责任心、有奉献精神的人。""我们的教育方针，应该使受教育者在德育、智育、体育几方面得到发展，成为社会主义有觉悟的有文化的劳动者。"

（一）高校思想政治教育中的以学生为本教育

以人为本思想体现在高校思想政治教育工作中就是"以学生为本"，一切为了学生，为了学生的一切。以学生为本需要我们每一个思想政治教育工作者在教育过程中调动学生的积极性，发挥学生的主体作用，极力倡导大学生的主体地位，促进大学生主动健康地发展。以人为本思想表现在尊重学生的个性差异。因为不论是发展的程度还是发展的方向，每个人的潜能是各具特色的。以人为本思想重视培养受教育者的完整人格，培养完整的学生，追求人的能力的全面发展，实现受教育者在身体、精神、情感、理智等方面的有机统一。

高校思想政治教育的以人为本这一人性关怀，就是要求把大学生作为思想政治教育的出发点和归宿，把大学生看作具有独立个性和特定观念的教育主体，在教育教学过程中重视启发引导大学生内在的教育需求，通过调动和激发大学生主动学习的积极性、能动性和创造性，使大学生自觉树立起科学的世界观、人生观和价值观，形成正确的政治思想素质和高尚的道德品质，从而使他们真正成为合格的社会主义现代化建设事业的建设者和接班人。思想政治教育工作者在进行思想政治教育的过程中，必须以完整、科学、准确的人的特性为依据，树立良好的"人"的意识，尊重学生、关心学生、遵循人性的制约和规范。

把人性关怀纳入到工作中来，强调大学生的价值和尊严，重视对学生的无限关怀，也就是要理解他们，特别是关怀他们个别的心理状态，促进其自由地生长、全面地发展，从专业、心理特征、生活水平、学习态度、价值取向等变量进行分析，切实地解决他们的思想问题以及生活实际问题。这就需要走进千差万别的学生的心理世界，针对每个学生的优势领域和弱势领域，为每一个学生提供发展的多元途径，在发掘优势智能领域的同时，帮助他们将优势领域的特点向弱势领域迁移与渗透，从而使自己的弱势领域也得到最大限度的发展，以开发潜能来发展个性，实现教育面前无差生，每一个受教育者都是潜在的天才这样一个宏大的教育目标。

因而，高校思想政治教育工作更应坚持以人为本，促进人的全面发展，为社会培养出更多的栋梁之材。这就要求我们在思想政治教育过程中做到三点：

第一，注重以人为本，尊重人的需要，启发人的自觉性。根据马斯洛的需要层次论，人对尊重的需要是人的较高层次的社会性需要的一部分，是社会中的人对自我评价和自我尊重以及社会评价和社会尊重的渴望。而思想政治工作的首要任务就是启发人的自觉性。随着社会的进步，物质生活的丰富与人的素质的提高，人们对精神的需要越来越强烈，从一定意义上讲，互相尊重与信任的良好的人际关系对启发人的自觉性起着决定作用。满足人的尊重和需要是思想政治工作能否取得实效的重要前提。思想政治工作如果做不到尊重人，不能使工作对象的尊重需要得到满足，就肯定不会收到良好的效果。因而，思想政治工作者应以诚待人，以理服人，以情动人的态度和平等，民主的方法，贯彻到思想政治工作的实际工作中去，以期达到良好的工作效果。

第二，注重以人为本，关心人的利益，调动人的积极性。在当前的社会主义市场经济社会中，人们的主体意识越来越强，人们的行为表现越来越趋利化，利益越来越多元化，人们堂堂正正地争取自己的合理利益，一方面可以促进生产力的发展与社会的进步，另一方面可能就影响人们考虑问题的出发点与判断是非的标准，使一些人不能正确处理好国家、集体与个人三者之间的利益关系，甚至不择手段地去追求个人利益。这就要求思想政治教育工作引导人们树立正确的义利观，处理好各种利益关系。马克思说过"人们奋斗所争取的一切，和他们的利益有关"。这说明利益是思想政治工作的基础，离开了利益的思想政治工作是空洞的毫无内容的。当然，也是没有意义没有效果的。因而在处理利益问题时，我们必须做到：首先，讲清利益关系，使受教育者能够分析并理清各种利益关系，确立正确的利益观；其次，把思想政治工作与解决群众的实际利益结合起来，真正做到理论与实践的统一。

第三，注重以人为本，彰显人的价值，激发人的创造性。要培养与造就全面发展的人，就要开发人的价值、能力和个性。而个人的价值包括社会价值和个人价值两个方面，并且两者是对立统一的。现代社会已经将每个人紧密地联系在一起，如果没有彼此之间的有效协助、配合与支持，就不能促进社会的进步与发展。同样没有每个人个性的创造性发展，社会的进步与个人的发展也是不可能的，或是大打折扣的。高校思想政治工作的开展，不能堵塞师生个性发展的道路，而是要引导个人发展，为个人发展创造必要的条件与环境。有生命力的思想政治工作不是要禁锢人们的头脑与手脚，限制人们的思想和行动，而是要开发人的智力，培养人的创新精神，引导人们更大限度地实现人的自我价值，同时为社会进步做出更大的贡献。高校是人才的集散地，是未来社会建设者成长的沃土，因而思想政治教育工作中怎样注重以人为本，彰显人的价值，激发人的创造精神，就显得尤为重要了。

（二）高校思想政治教育加强人性关怀的紧迫性

1.时代发展和当代大学生思想特点的现实要求

加强人性关怀美国经济学家和未来学家奈斯比特指出："21世纪最激动人心的突破不是来自科学技术，而是来自日益增强的做人的意识。"的确，随着我国社会主义市场经济制度的逐渐完善以及改革开放在广度和深度上的不断推进，人们个体意识在不断觉醒，法制意识也在不断强化，这一切都对社会的管理者提出了更高的要求。新的科学发展观不仅把人作为社会发展真正的、主要的动力，还把人作为社会发展真正的最终目的。于是，这样的一种时代背景也要求我们的高校思想政治教育对此做出恰切的回应：要关切"人"，关怀人的自在、自为、自觉、自由，关怀学生人性的丰满，在大学里要实现对学生的人性关怀。

当代大学生成长在对外开放不断扩大、社会主义市场经济深入发展、以互联网和手机通信为代表的现代传媒手段蓬勃兴起的时期，随着我国社会经济成分、组织形式、就业方式、利益关系和分配方式的日益多样化，具有了较宽广的国际视野，思想观念比以前的大学生复杂。

另外，当代一些大学生人文意识缺失，存在自私冷漠、个性过强、公德意识薄弱等特点。长辈对于独生子女的溺爱和娇宠，使得学生从小就以自我为中心，不为别人着想；很多独生子女缺少兄弟姐妹为伴，也缺少集体活动机会，不易养成与人协同合作的精神，也缺少竞争性，这样就导致了大学生过强的自我中心意识，较差的自我管理意识，较弱的团队意识。另外，部分大学生在政治取向上存在着一些功利性倾向。他们把政治看作是自己成长的条件，但又有着不参与自己应该承担的社会责任和义务的较明显的倾向。还有部分大学生，既推崇市场经济基本道德规范又对市场经济条件下的一些道德规范本身难做主张，在急剧变化的社会环境（比如就业环境等）面前，由于心理准备不够，信心不足，加之对学校教学改革、教学条件不满等原因，思想焦虑增加，从而导致心态较为低沉、消极，身心健康下降。因此，在这种新情况下，沿袭习惯使用的灌输、说教等老、旧形式的非人性化教育方式已经不符合当代大学生的需求，甚至会适得其反，所以思想政治教育应深入到人的内心深处去，做到逐步加强人性关怀这一特点。

2. 高校思想政治教育对学生人性关怀的缺失

第一，高校教师人性关怀精神的缺失。大学生作为法律上独立、自主的人，具有与学校领导、教师同等的人格和尊严。他们的人格和权利，应该受到学校的尊重和爱护。一些教师的职业道德不健全，把教书只当作谋生的手段，在教学过程中教与学脱节，片面强调学生应该学而忽视引导学生应该学什么、怎么学；对学生态度冷漠，漠视对学生人格塑造的正面影响，只重教书不重育人，只重言传不重身教，缺乏从事教师工作的热情和情感，造成学生学习积极性不高，师生关系淡漠的局面。一些服务部门的工作人员表现出的"门难进、事难办、脸难看"的工作作风，以及一些图书馆阅览室的工作人员出现的不自觉维护秩序、聊天喧哗等现象，给学生造成极大的负面影响。

第二，高校思想政治工作者对大学生自我需要关照的缺失。首先，忽视学生的实际需求。高校在思想政治课教学和日常的思想工作中，向学生灌输的几乎都是"正面"的东西，讲大道理，唱高调，进行抽象而空洞的说教，对改革进程中出现的新问题，对学生关注的热点问题和敏感问题，讲不清时就尽量回避。而且，内容比较陈旧，难以引起学生的兴趣。其次，忽视学生受教育的层次性需要。每个学生在思想觉悟和道德修养方面从来就存在着差异，呈现出层次性。而在许多教育者眼中，所有的学生认知结构都是一样的，忽略学生的个性特点和个人利益要求，往往重"群体"而忽视"个体"，不能对学生有针对性地展开工作。最后，忽视学生创新个性的培养。德育理论课存在与教学计划齐步走，培养目标单一化，教学过程满堂灌的现象。思想教育过程中存在着我讲你听，不太注意学生的主体地位的情况，认为把学生管得服服帖帖就是好，扼杀了学生的思想和创新意识，束缚了学生的个性发展。

第三，加强人性关怀是改进高校德育的需要。杨叔子先生曾经说过："大学的主旋律是'育人'，而非'制器'，是培养高级人才，而非制造高档器材，人是有思想、有感情、有个性、有精神世界的，何况是高级人才……我们的教育失去了人，忘记了人是有思想、有感情、有个性、有精神世界的，就失去了一切。其实我们的一切工作都是如此，都是以人为出发点，以人贯穿各方面的始终，何况是直接培养人的教育？""未来的学校必须把教育的对象变成自己教育自己的主体，受教育的人必须成为这个人自己的教育对象。"

从中我们可看出人性关怀是高等教育的核心理念。高校德育的本质内容是以人为本，高校德育的根本目的是构筑人的精神支柱，发掘人的创造潜能。高校德育的根本任务是端正人的品行、完善人的人格。高校德育不是制约人、约束人、控制人，而是创造条件发展人。而目前的高校德育工作中，往往忽视了人的本质特性，缺乏对学生应有的尊重。因此，坚持以人为本，充分了解学生的个性特征和个人需求，理解并尊重他们的主体地位和人格，尊重学生的基本权利和责任，尊重学生的个体价值和社会价值，就应该成为高校德育的中心内容。

第二节　高校思想政治教育的特征

党的十七大报告指出："开展中国特色社会主义理论体系宣传普及活动，推动当代中国马克思主义大众化……切实把社会主义核心价值体系融入国民教育和精神文明建设全过程，转化为人民的自觉追求。"高校思想政治教育生活化是落实党和国家的教育方针、适应时代发展需求、实现思想政治教育目标的重要理念和重要方式。在改革开放日益深化的浪潮下，内外思潮各方观念互相激荡交融，国内大学生的思想行为随之发生着相应的变化，在他们身上反映出许多新的特质和现象。作为高校思想教育工作者，能否正确认识教育对象和教育环境，及时准确地把握大学生的思想动态，洞悉当前高校思想政治队伍建设的时代背景，更新思想政治教育工作理念，就显得尤为紧迫。

一、高校思想政治教育环境特征

大学生思想政治教育接受过程是思想政治教育环境、接受客体、实施主体三者耦合互动的过程，如果三个要素相互匹配，那么就会促进或增强教育效果；反之，如果三个要素相互掣肘，或者一两个要素相对思想政治教育环境滞后，那么也会阻碍或削弱教育效果。本文结合环境新变化，研究对象新特点，提出思想政治教育工作新应对。

（一）现代化事业蓬勃发展下的浮躁社会环境

目前，我国正处在全面实现小康社会的攻坚期，随着 40 多年改革开放步伐的稳步迈进，我国的生产力和各项事业蓬勃发展，免除农业税、实行义务教育制度、实现城镇医保和养老保险全覆盖等，上述政策、制度、措施的实施，充分彰显了社会主义制度的优越性。但是，当人们在享受改革红利的同时，也必须相应承担现代化事业蓬勃发展的负面效应——资源消耗殆尽，环境污染严重，生态系统恶化，地质灾害频发……即使如此，现代化建设带给物质世界的时空转换力度，还是不及对人们主观精神领域的影响。改革和发展实质上是一场社会各层次人群利益关系的再分配，从某种意义上说，正是改革和发展唤起了人们内心深处对于满足物质欲望的需求。表现在社会上，就是经商热、创业热、赚钱热，迫切想要成功，梦想一夜发财致富；在心态上轻浮、急躁，急功近利。折射到大学校园，就表现为大学生追求金钱至上、享乐人生，不重视打基础，无法静心读书，学习动力不足。在部分大学生看来知识只是充实脑子空虚的精神食粮，却不能填补肚子里的空白，钱才是第一位的，因而放松了对知识的学习，导致了大学生中厌学情绪的盛行；还有部分大学生只关心眼前利益，耗费太多时间和精力去做兼职，浪费了宝贵的学习机会；更有个别学生，贪图眼前享乐，为了一己私欲，不惜拿青春赌明天，做起了违反法律、违反道德的事情，着实令人扼腕叹息。

（二）社会过渡转型期下的信仰危机环境

转型是指事物的结构形态、运转模式和人们的价值观念根本性的转变过程。社会转型是指新兴科技推动下社会生产生活方式的根本改变。中华人民共和国成立前我国长期处于农业、半农业社会，生产工具落后，生产效率低下。中华人民共和国成立后，在共产党人的领导下，开始向工业化转型，经过半个世纪的社会主义建设，工业化转型任务基本完成，目前正在向信息化社会迈进。由于压缩了发展空间，许多制度建设没有跟上，眼下的中国社会明显带有"过渡"痕迹——风险与机遇并存，社会矛盾凸显。"物质矛盾与文化性矛盾、政治性矛盾并存，简单矛盾向复杂矛盾转变，接触性矛盾向非接触性矛盾延伸，隐性矛盾向显性矛盾发展。"随着社会矛盾的日益加剧，贫富差距问题、社会公平问题、物价问题同步涌现，既深度考验着共产党人的执政能力、危机处理艺术，也严重挑战着当代大学生群体对于社会主义道路和共产主义的信仰。

（三）多元文化背景下的价值多元文化环境

"一切价值观念都是一定社会实践的产物。"中国人民改革开放的求富实践，既引来了西方先进的科技和管理经验，也接纳了西方文化背后的价值标准和道德准则，传统与现代的碰撞，国际与国内的融合，导致国内出现了东方文化与西方文化、主流文化和非主流文化、传统文化与现代文化的多元格局。同时，随着社会改革力度不断加大，政治、经济、文化体制改革同步推进，阶级、阶层等利益主体逐渐分化，在全社会逐步形成了思想观念多样、阶层利益多元、文化环境多变的复杂社会结构。在如此结构作用力下，渐渐衍生放大出许多对大学生影响巨大的社会思潮。比如，民主社会主义思潮、"普世价值"思潮、民族虚无主义思潮、历史虚无主义思潮、新自由主义思潮、私有化思潮以及低俗文化享乐主义思潮等。这些思潮裹挟着各型各色的价值观一股脑地涌向了"三观"尚未确立的大学生，使他们真伪不分，真假难辨，在人生观的选择方向上迷了路。在多元化文化轮番冲击下，很多大学生不经过理性思考、调查研究，就轻易放弃了中国的传统文化和现代社会主义理念，就盲目选择皈依了资本主义的生活方式、文化理念以及价值观。虽然只是小部分人的个人行为，却也值得引起我们高校思想教育工作者的警醒。

（四）各国高等教育逐渐国际化环境

随着各国之间高等教育的交流与合作越来越广泛，思想政治教育作为高等教育的一部分，也势必受到国际化发展趋势的影响，旧有的灌输法权威正在消解，学习借鉴他国思想政治教育的先进经验逐渐蔚然成风，比较思想政治教育学也因此成为显学。高等教育国际化背景下，各国的思想政治教育的内容虽然不尽相同，但其中心宗旨都是强调对各自国家、民族、文化、身份的认同以及对于他人、家庭、社会应尽之责任的缔造，使之言行符合社会要求，从自然人蜕变成社会人。由于社会历史、环境、人文的不同，思想政治教育实施的方法中西方迥异，形成东西方鲜明的特色。以美英为代表的西方国家注重潜移默化的实践养成教育，以宗教信仰和学校教育为主导，通过家庭、学校、企业、社会和大众传媒等途径，培养社会所需要的合格公民。以日本、韩国为代表的东方社会在强调内在修养的同时，倡导至上而下的政府主导型德育。其思想政治教育不仅是客观存在的，而且是显性的，他们普遍采取兼并吸收的策略，汲取现代精品文化，扶植传统文化产业，重视青少年思想政治教育，形成了独特的东方文化传统和道德品格。中国的国情与前二者不同，社会主义建设初期，由于马克思主义思想的强势介入，打破了以儒家为核心的东方教育传统，在几乎没有借鉴与选择的情况下，沿袭苏共思想政治教育方法成为思维定式；改革开放后期，越来越多的发达国家教育方式成为范本，思想政治教育在有效性的旗帜下，开始打上国际背景的痕迹。

二、高校思想政治教育对象特征

在社会转型和改革开放的时代背景下，由于经济、政治、文化环境的迅速变化和科学技术的迅猛发展，大学生这一思想活跃、易接受新鲜事物、充满生机与活力的群体呈现出了与以往不同的特征。

（一）受新时代社会思潮影响的大学生特征

高校聚集着一大批年轻有为、富有探究精神并朝气蓬勃的大学生，国外社会思潮的传入、国内社会变革的深入以及大学生个人成长的需求使当代大学校园成为各种社会思潮传播的集散地。当前高校思想文化领域的主流是积极健康的，马克思主义的指导地位不断巩固，中国特色社会主义理论体系深入人心。但是我们也应该清醒地认识到，依然有大量消极的社会思潮正在侵蚀着大学生的心灵，如性解放、拜金主义、享乐主义、攀比风气，等等。

社会思潮之所以对当代大学生具有特殊的吸引力，主要是由大学生自身特点及校园环境所决定的。首先，作为血气方刚的年轻人，大学生基本上都具有反传统的叛逆精神，敢于挑战正统、挑战权威意识，追求刺激的心理；同时，大学生的世界观还没有完全定型，接受外界事物和新鲜事物的能力较强，容易接受某种社会思潮。

其次，大学校园和大学文化的特征也有利于社会思潮的登陆。比如大学所特有的某种批判精神，大学生活的独立性，大学校园和文化所具有的开放性、包容性等。这些都适宜社会思潮在大学生中传播，成为某些大学生的思想精神家园，甚至对部分大学生来说，接受或传播某种社会思潮已成为表达自己的一种方式和手段。

各类社会思潮抢滩高校校园，对大学生的影响可谓正负交织，意义重大，关键在于引导和交流。对大学生的思想政治教育既不能忽视社会思潮反映社会现象和现实，帮助大学生了解社会丰富性和复杂性的镜鉴作用；也不能忽视各种消极有害的社会思潮冲击我们现有的思想政治教育目的和成果。只有立足这样的现实，才能顺畅地与大学生开展交流与沟通，准确地掌握大学生当前的思想动态。如果偏执某一方面，势必造成与教育者与被教育者之间交流隔阂，乃至情感障碍。

（二）由经济独立带来的大学生人格独立性特征

存在是哲学的基本范畴，存在方式是指物质与精神的高度统一，通俗理解就是生活方式。从非市场经济转向市场经济，人的存在方式发生了全面变化，对此，马克思的概括是从人对人的依附性的存在转向以物的依赖性为基础的人的独立性的存在。在社会主义市场经济的潮流下，企业和个人成为独立主体使得人们从以往的人身依附关系中解脱出来，平等意识加强，主体性日益突出。这一现实趋势势必会在当代大学生身上产生直接或者间接的影响，与以前的大学生相比，如今的大学生主体意识提高，独立意识加强，自我意识突显，视野更开阔，法律意识更强，同时冲破了自我认识的局限性，追求前卫，个性张扬。很多大学生利用课余时间，通过勤工俭学或是做兼职赚取外快来贴补生活，合开店铺或是倒买倒卖的经济行为在课堂外屡见不鲜，大学生的经济自主化日益突出。但这种由经济独立换来的人格独立，很多时候，并没有给大学生带来如约而来的幸福，或者说获得过度的不可驾驭的自由权利只会徒增不必要的负担和痛苦。在市场经济条件下，竞争机制的引入激发了人们生产的动力和活力，促进了生产力和生产关系的解放，带动了政治、经济、文化的全面繁荣；就业方式的多样化改变了人们的谋生方式，改变了人对社会、国家的依附关系，使人们变得更加自信和自由，同时也使人们的思维方式发生了根本性的变化——由崇高变得世俗，由理想转而功利。当利益成为行为、动机、效果的考量，便会使得人们更趋于务实，以前的崇高理想色彩的价值取向逐渐淡化，追求生活实际价值，追求个人价值实现逐步成为大学生价值追求主流，并且有一些学生坠入了追求眼前利益，追求生活享受的低层价值取向。

（三）高新科技、新媒体应用引发的大学生特征

科学技术的迅猛发展，网络新媒体的异军突起，正改变着人们的生活方式、沟通方式和知识获取方式。网络技术的逐步成熟，使其成为一种时尚的信息传递方式，作为新兴科技助推下成长起来的新人类，大学生势必会站在时尚生活的最前沿。他们第一时间适应了新的生活、沟通、学习方式，对计算机、手机中涵盖的各类软件驾轻就熟，对于网络购物、网络支付、电子商务等新型商务方式推崇备至，并将是否会使用QQ、微信、微博等不断推陈出新的交互手段，作为评判时尚与否的标准。大学生对网络的依赖，提出了加强大学生网络思想政治教育的新要求。然而，自网络媒体兴起以来，由于其缺乏必要的监管和引导，导致网络上良莠不齐、藏污纳垢，暴力、恐怖和色情的信息猖獗，网络文化泥沙俱下，净化网络环境对于为大学生创造良好的沟通平台迫在眉睫。与此同时，大学生所崇尚的时尚生活方式也日益走向虚拟化，虚拟生活、虚拟世界、虚拟角色正把社会化过程中的大学生带向虚无的深渊，许多大学生在虚拟世界中迷失自我，简单地遵循着快乐原则，追求着感官的刺激，大学生越来越"宅"，越来越缺乏面与面的对话、心与心的沟通，网络道德移位，人文关怀缺失，大学生们内心深处自由开放与明目张胆的性格特点被无形地放大，越轨行为频频发生。这些都呼吁网络精神家园的建设，呼吁人们以积极的态度、创新的精神，大力加强互联网建设，进一步发展和传播健康向上的网络文化，使之成为传播社会主义先进文化的新

途径、成为广大大学生精神文化生活的健康新空间。

（四）大学生教育效果需要层次性不同的特征

需求是人类有意识行为的内在动机和外在指向，不同时代、不同人生阶段、不同生活环境，人们的需求层次不同，理想是在现实反思的基础上对于现实需求的超越，属于高层次需求，如果按照马斯洛的需要层次图分类，应该属于自我实现的需要。需求的层次决定理想的高度。大学生思想政治教育的目的从实现全面发展的角度说，主要功能就是提升大学生的理想诉求层次，为理想诉求的实现提供精神援助和动力支持。当代大学生是一个承载家庭、学校、社会高期望值的群体。大学阶段是学生生理和心理走向成熟的重要阶段，也是世界观、价值观、人生观形成的关键阶段。由于各自家庭背景、学习经历、志向兴趣、人际关系、生活境遇因素的不同，使得他们对社会主义制度的信奉不同，对国家、社会、学校的感情不同，对自身的定位和要求不同，选择了不同的需求满足方式，难免会相应分化出不同层次的思想政治教育效果。有的学生上学期间，接受过国家或是社会的资助，便会对社会、对国家怀有感恩之心，与自己所受的爱国主义思想结合，或许将来会将爱心回馈社会；有的学生本来就对社会转型期存在的不公现象颇有微词，当马克思主义理论遭遇现实质疑时，由于理论认识不深刻，难免会出现动摇和曲折。鉴于大学生怀有不同的理想诉求和心路历程，大学生思想政治教育工作也应该采取精细化的处理态度，一方面认识到不同效果存在的客观性及合理性；另一方面有针对性的、分层次的对于不同群类加以引导教育。

三、高校思想政治教育的创新特征

高校思想政治教育创新源于适应国家需要、学校发展需求，以及广大教育员工丰富的发展需求等，即要注意满足社会发展需要和人的发展需要。但这仅仅是一个十分笼统的说法，仔细区分的话，可以将社会需要分出国家需要、政党需要、民族发展需要、群体发展需要，以及人的全面发展需要等。这些不同社会主体的需要之间存在着一致性，但也存在着非一致性。于是适应这些不同主体的社会需要就会面临着一系列困境。解决这些需求冲突及由此引发的矛盾，成为高校思想政治教育创新的内在动力。原先的思想政治教育完全作为管理和规范学生的活动样式，主要满足党与国家的需要，而对学生的需要满足则重视不够，从而导致学生出现一定逆反心理与政治冷漠情绪。为了解决这一突出问题，思想政治教育开始认真贯彻"以人为本"的理念，在体制创新方面也迈出了许多新的步伐，如增设许多学生事务部门，由管理学生更多转化为服务学生；心理健康教育曾经在中国的高校是一个盲区，但从 20 世纪 80 年代中期起，这个问题由提出到引起普遍关注，再到今天的高度重视，其中从内容到形式各方面都有不少创新。

关于社会危机凸现倒逼创新，是指为了解决应急性的特殊需要而引发的创新。这些年社会面临的一个重要问题是人文精神凋敝、价值观迷乱和人们的信仰危机，这些问题又产生出一些次生危机。对高校思想政治教育而言，这些次生危机的主要表现是教育实效性不强。为了解决这些问题，高校思想政治教育坚持在思想政治理论教育课程建设、拓展大学生思想政治教育的有效途径、发挥党团组织在大学生思想政治教育方面的重要作用，以及加强大学生思想政治教育工作队伍等方面推动改革创新，已取得令人欣喜的初步成效。

关于社会比较激励创新，主要指通过比较、解读与分析国内外有关社会意识形态运作、信息传播、学生事务管理与服务、隐蔽课程设置等理论与实务运作的经验教训，寻找和明确改进我们工作的思路和着力方面，激发出相应改革创新的动机。

（一）高校思想政治教育创新具有一定的周期性

从一般的经验来看，创新是人们一定的能量积累到一定时刻的表现，而能量积累总是需要一定的时期和条件。同时，个体还存在着创造力衰竭的现象，这一经验在个体身上表现得比较充分，但有时在群体与组织方面也存在着同样的现象，"集体无意识"可以看作对这种经验的一种不太直接的描述。尽管个体之间的创新特征可能大相径庭，而群体或组织的创新与个体的创新更不能简单相类比，但我们不能忽视群体和组织也可能存在着创新的周期性问题。我们在此扼要说明高校思想政治教育创新的周期性，确实有很大的难度。因为它不得不涉及两个基本问题：一是这种周期性的具体表现是什么？二是导致这种周期性的原因又是什么？

如果我们仅仅从创新视角审视改革开放以来高校思想政治教育的发展历程，将其具体划分成几个时间阶段，每个阶段的创新有不同的内容与特征表现。

第一阶段：20世纪70年代末到20世纪80年代末，这一阶段大概又可分成两个小阶段。第一小阶段是20世纪70年代末到20世纪80年代初，这是一个侧重在指导思想上拨乱反正、建立新的思想理论基础和活动秩序的时段；第二小阶段是20世纪80年代初到80年代末，这是一个富有激情和理论想象力的时段。在第二小阶段，整个社会在发展方面的指导思想日趋明确，因此产生了一系列重大的改革决定，如《中共中央关于经济体制改革的决定》，提出了社会主义经济是以公有制为基础的有计划的商品经济；《中共中央关于教育体制改革的决定》，提出了扩大高校办学自主权问题等；并且注意运用高度政治智慧排解与超越"左"与右两大方面思潮的纷争，提出了党的"一个中心，两个基本点"为核心内容的基本路线，以及社会主义初级阶段理论，高度重视社会主义精神文明建设，强调两手都要抓、两手都要硬，等等。高校思想政治教育在这样的大环境中，有不少理论内容、传播方式和应用体系方面的创新，如提出开设思想品德课，深入进行形势与政策教育，组织高校学生参加社会实践活动、在部分高校设置思想政治教育专业和开办思想政治教育专业第二学士学位班，加强高校学生思想政治工作队伍建设等。

第二阶段：20 世纪 80 年代末到 90 年代初，这一阶段的总体创新是不多的。但我们又不能从没有创新表现等于没有创新准备的理解出发去认识问题。创新与维旧历来就像一个硬币的两个方面，如果说创新是必要的话，那么在一定时期维旧也是必需的。与"温故而知新"一样，维系优秀的传统，也是在为新的创新铺垫基础和提供元素。再说在表现形态上似乎是"新"的东西，其实未必一定是创新，而维旧的成分未必一定没有新意，人们平时所说的"推陈出新"也就是这个道理。为了防止人们大量出现自吹自擂现象，我们可能也要考虑像真理标准讨论一样，建立创新衡量标准，其中最重要的标准是实践标准，即实践结果及其效用程度是衡量是否创新的唯一标准。如果说这一阶段存在着创新的话，则主要表现在应用体系方面，特别是解析中国优秀传统文化价值、传承优秀文化传统方面有不少努力。我们可以通俗地将这类创新看作是一种老树发新芽的过程。这一时段创新的另一特征是思想政治教育学科建设有了新进展，即在巩固提高已有建设成果基础上，全面开展专业建设，形成学科群。随着设置思想政治教育专业本科点和硕士点的院校不断增加，课程建设、教材编写、师资队伍建设以及学生培养等多方面的进展，学科建设获得了快速发展，特别在教材编写方面取得明显效果。

第三阶段：20 世纪 90 年代初到 21 世纪初，是蕴含新发展机会的阶段，其中快速发展又与不平衡状态交相间杂。在这一相对比较长的社会时段中，党和国家采取了许多具有重大意义的新主张与新举措，如加强爱国主义教育（中共中央关于印发《爱国主义教育实施纲要》），提出关于进一步加强与改进学校德育工作的若干意见（1994 年），提出高校思想政治理论教育课程新方案（1998 年），提出"三个代表"重要思想，等等。在这样的新形势下，高校思想政治教育在贯彻和落实中央精神的进程中，通过理论教育途径与方式方面及应用方面进行创新，开创了许多诸如网络思想政治教育、校园文化建设、学生生活园区思想政治工作等新形式。并且在应用理论方面进行了集成创新与引进消化吸收再创新，如坚持将邓小平理论进课堂、进教材和进学生头脑；在思想政治理论课程教学中坚持理论传导与社会实践紧密结合，提高理论教育的有效性；同时注意吸取借鉴其他学科中的有关理论来分析与解决学生思想政治教育中所面临的问题，如借鉴美学方面的接受理论，传播学方面的大众传播理论，心理学方面的学习理论，社会学方面的社会调查方法、群体研究方法，管理学方面的激励理论和组织学方面的群体动力理论等。随着我国学者对中国传统优秀文化内核解读的深入与拓展，高校思想政治教育的实务与理论研究都不同程度地关注与应用中国传统优秀文化元素，并且注意从具体品质到文化精神、从思想内涵到思维方式的不断提升与拓展。也就是说，这一阶段在应用体系创新方面是全方位的。

第四阶段：21 世纪初至今。这是一个正在进行着的、面临新任务、新机遇和新挑战并存的有序发展阶段。这一阶段的开端以 2004 年中共中央下发 16 号文件为标志，高校思想政治教育正呈现全方位的综合创新之态势。从目前已经显现的情况看，主要有以下特征，首先是对教育对象的认识丰富化，从原先以工作为本再逐步转变到以人为本，这将有一个过程，但开端已很好。在坚持以人为本的理念指导下，人们对大学生的认识也逐步摆脱非此即彼的思维方式的影响，变得多样化、丰富化与复杂化。其次，高校思想政治教育的实际开展开始摆脱模式化单一化影响，各地各高校注重将思想政治教育的基本要求与高校所面临的实际情况相结合，而不是简单地唯书唯上。这种状况是形成创新态势的重要契机。再次，无论是思想政治教育工作的实际工作者还是理论研究者，都注意在工作和研究中不断拓展理论视界和增强问题意识。在这种过程中，特别值得一提的是，思想政治教育的学科研究范式正面临着转型，这种范式转型主要有两大动力，一是解决社会转型所产生的新问题的迫切需要，二是一大批新世纪以来培养和毕业的思想政治教育新军充实到本学科的教学科研第一线和高校思想政治教育实际工作一线，这批学科发展的生力军的基本特征是富有探索精神和学术研究冲势，有强烈的问题意识和改变不良现存的意念，有相当理论基础和较开阔的理论视界，有比较开放的心态和兼收并蓄的能力。因此可以断言，在他们身上蕴含的创造力会远远超过他们的前辈。

至于说到这种周期性的表现，不能简单用时间的视域所能表征，并且精确到多少年一个周期的程度。如果从创新体系的三大方面的分类看，创新特别是引进消化吸收再创新随时都在不断地出现。但如果从综合创新的角度看，这种创新则可能表现出一定的周期性，这种周期性既受到社会意识形态创新大格局的制约，又受到从业人员的创新能力的制约，因为个体的创新能力不是一个常量，有人可能是先发，有人可能是后发。从代际交替和代际接续的状况看，这种综合创新可能表现为20余年左右的周期。

（二）高校思想政治教育创新具有多样性和延展性

如上所分析，高校思想政治教育的创新是丰富多彩的，在不同时段有不同的创新内容与形式相统一的表现。这种创新的多样性可依不同的分类标准作不同的归类。除了本文开头所说明的层次、类型等分类外，还可根据创新主体分为个体创新和集体创新，根据创新的影响力分成本义性创新和延展性创新等。本文比较关注高校思想政治教育的延展性创新。这里所谓的延展性创新是指某种创新具有巨大联动效能，从而带动其他一系列创新活动的发生及进展，这种创新通常居于创新活动链的高端或创新活动系统的中心。至于这种延展性创新的表现，可以体现在理论创新、制度创新、体制创新、技术创新和管理创新等各方面。正如马克思当年在分析资本主义劳动过程和价值增值过程时，曾经认为"资本的伟大的历史方面就是创造这种剩余劳动"，资本"是发展社会生产力的重要的关系"。也可以说，资产阶级创造出资本运作方式，这种资本运作方式又衍生出许多新的东西，不仅有剩余劳动，有严格纪律、致富欲望、普遍的勤劳、节约劳动时间以及普遍财产等，而且创造出丰富复杂的社会关系。同样道理，高校思想政治教育也存在着延展性创新，其联动效应正在逐步显现，如20余年的思想政治教育学科建设除了自身能量的不断增生外，对思想政治教育的实务正产生越来越明显的推进作用，而实务工作的进展又反过来促进理论研究的深入。在工作理念方面，高校思想政治教育在坚持"三贴近"（贴近实际、贴近生活、贴近群众）方面不断探索，注意将教育规范与充分满足学生的成才发展需要有机结合起来，并且产生了一些引进消化吸收再创新的理论和教育方式，如这些年来所提出的生活德育论、网络思想政治教育学等。

第三节　高校思想政治教育的意义

爱国主义、集体主义和社会主义教育是高等学校对大学生进行思想政治教育的基本内容，教育的程度如何，直接影响大学生政治信念的树立，影响大学生的成长成才。在经济全球化的国际背景下，在我国实行市场经济体制，全面建设小康社会，构建和谐社会的环境中，高等学校如何有效地进行爱国主义、集体主义和社会主义教育，培养社会主义现代化事业的合格建设者和可靠接班人，既是一项历史任务，又是一项重要的现实课题。

思想政治教育在构建和谐校园中具有重要意义。首先，大学生的思想政治教育为构建和谐校园提供了精神支持。一个高校的健康和谐发展，离不开大学生的和谐发展，和谐校园的构建离不开大学生的参与。思想政治教育能发挥其对大学生道德的提升、思想进步的作用，促进大学生的全面发展。大学生思想政治教育突出了对"人"的教育，承载着唤醒学生主体意识、责任意识、自我完善意识的任务。在构建和谐校园的背景下，大学生思想政治教育者通过培养和谐校园所需要的高素质人才，为和谐校园的构建提供精神动力支持。其次，思想政治教育是构建和谐校园的重要保障。实践证明，思想政治教育是高校全部工作的生命线。通过扎实有效的思想政治教育，可帮助大学生树立牢固的世界观、人生观和价值观，培养良好的思想政治素质和行为以及高尚的情操，做德智体美劳全面发展的人才。

将大学生思想政治教育确定为构建和谐校园的重要组成部分，是由和谐校园的本质所决定的。以人为本是构建和谐校园的本质。和谐校园要求大学生要全面发展，这也是大学生思想政治教育的不懈追求。大学生思想政治教育在内容上很好地体现了与时俱进，新时期大学生的思想政治教育的主要目标就是实现人的全面和健康发展，以达到人的全面和谐，这与和谐校园的本质是完全一致的。

一、全球多元文化对高校思想教育提出新挑战

第一，全球化不仅是一种现实的社会运动，而且是在这一现实社会运动基础上产生的当今时代一种复杂的、世界性的思潮。有着不同利益的人、集团、政党、阶级和国家，往往会赋予它不同的甚至截然相反的内涵。不仅有着不同利益需求的人们在思考着全球化对自身的影响，对全球化发展提出自己的要求，而且也有一些善于思考的人们希望在人类最高利益上解决全球化的问题。因此，"全球伦理""全球文化""人类之爱"等口号或者论点陆续被提出来。这些口号或者论点的提出必然产生诸如人类之爱与爱国主义的冲突、传统文化与全球文化的冲突等矛盾。大学生希望能够回答全球化时代的重大问题，这就要求他们必须采取"全球化思维方法"，他们必须是一个具有全球视野的人，一个在全球化潮流中能够把握正确方向的人，同时又是一个热爱祖国、能对中国社会主义现代化建设做出贡献的人。这一切无疑对新时期的爱国主义、集体主义和社会主义教育提出了挑战。

第二，我国成功地加入世贸组织，标志着全面参与世界经济活动、对外开放的进一步深入，使得思想政治教育处于一个更为开放的环境中。高校大学生作为社会的特殊群体，首当其冲地受到来自各个方面特别是意识形态的影响。当前的经济全球化导致的多元文化并存，也可以说是多元文化的冲突，从根本上说，仍然隐含不同社会制度的冲突。发达国家借助文化产品的输出推销西方政治、经济制度、价值观念、意识形态和生活方式，不同程度地影响了青年们的精神世界，在一定程度上削弱了他们对民族文化的认同。从整个世界来看，中国是世界上少数坚持走与西方国家迥然不同道路的社会主义国家之一，西方国家在冷战后就一直把中国当作推行和平演变政策的重点。一方面，他们对社会主义的歪曲、攻击或颠覆活动从来没有停止过。另一方面，他们利用经济全球化的环境，更方便地兜售西方的价值观、政治观和资产阶级的生活方式，凭借经济、科技和军事优势，加紧实施"西化""分化"图谋。西方的这种强势地位和干预策略，使得很多青年不加分析地、盲目地推崇西方所谓的自由与民主，使得大学生的思想政治教育特别是理想信念教育面临严峻的考验。

第三，在经济全球化背景下，高校呈现出市场化趋势，高校思想政治教育的内容必须扩展，服务职能要强化。中国加入世贸组织是经济全球化的必然要求，同时也使得教育作为一种产业与国际接轨，从世贸组织法律体系的《服务贸易总协定》中可以看到，教育不仅具有政治、文化和道德等功能，而且具有经济的功能。高校的市场化在于激活高校为社会服务的潜能，使产、学、研得到很好的统一。为此，应当站在经济全球化、竞争国际化、运作规范化的角度，培养高校学生的全球意识，提高其法律意识，强化其竞争意识。

二、我国社会转型对高校的思想政治教育造成冲击

随着我国社会主义市场经济体制的逐步完善，社会经济成分、组织形式、

分配形式等都发生了深刻的变化，这些变化促进了社会的发展和历史的进步，但同时也不可避免地带来一些负面效应。一些领域道德失范，拜金主义、享乐主义和个人主义滋长；封建迷信活动和黄、赌、毒等丑恶现象沉渣泛起；假冒伪劣、欺诈活动成为社会公害；文化事业受到消极因素的严重冲击，危害青少年身心健康的东西屡禁不止；腐败现象在一些地方蔓延，党风、政风受到很大损害；一部分人国家观念淡泊，对社会主义前途产生困惑或动摇。各式各样的生活观念和精神文化的冲击，在一定程度上诱发了青年大学生拜金主义、利己主义、享乐主义等不良思想倾向，使传统的伦理道德规范受到冲击。

首先，社会主义信念与共产主义的远大理想被淡化。个人主义、拜金主义和享乐主义使人只顾眼前，急功近利。这种价值取向的蔓延对人们树立远大理想产生了严重的消极作用。有人说："共产主义理想是远的，思想政治工作是空的，生产技术是硬的，黄金钞票是实的。"表现在当代大学生身上，就是缺乏对理想和信念的追求，只注重专业技能的学习。

其次，市场经济的自发性容易诱发个人主义。在物质利益的驱动下，个人的主动性、积极性和创造性得到了充分发挥，同时也容易使一些涉世较浅的大学生的人生价值观向个体本位偏移，进而导致完全个人主义。他们往往片面强调个人利益，忽视、无视乃至贬低社会整体利益和他人利益，把社会、集体、他人仅仅当作追逐一己私利的手段和工具，自私自利、损人利己。对集体活动不关心、不热心，对待同学冷漠，无视他人的存在。

再次，市场经济的求利原则容易诱发拜金主义。有些人错误地认为，市场经济实质上就是金钱经济，发展市场经济就是全民动员捞金钱。这些人在社会生活中以"有钱能使鬼推磨"为生活信条。大学生择业中就有这样的口号："到大城市去，到合资企业去，到外企去，到国外去，到挣钱最多的地方去。"却很少听到大学毕业生提出口号："到祖国最需要的地方去！"这将导致越落后的地方最需要人才，也就越得不到人才；相反，越发达的城市地区，人才趋之若鹜，出现人才大量浪费的现象。同时这些不良思想也对思想政治工作者队伍的稳定造成了影响。如何教育并引导大学生树立正确的人生观、价值观，使之具有高度的政治敏锐性和政治鉴别力，自觉地抵制不良思想的侵袭，直接关系到祖国的未来和民族的希望，是新时期大学生思想政治工作的一项主要任务。

最后大学校园已经不再是象牙塔。随着信息流通手段和文化传播手段的日益先进，学校的围墙已堵不住社会浪潮的冲击。通俗文化、社会时尚、经商热潮无一例外地在校园文化的调色板上显示出来。这些情况对大学生了解社会、关心社会有很大好处，也容易使社会的消极因素和短期行为左右大学生的行为选择。总之，充分认识市场经济对道德的双重影响，更好地发挥其积极的一面，限制和缩小其消极的一面，是高校学生思想政治教育面临的新课题。

三、高新科技对高校思想政治教育影响深远

在信息网络迅速发展的今天，我们必须清醒地认识到互联网对当前高校思想政治教育带来的深远影响，它既有积极的一面，又有消极的一面。其积极的一面是互联网开辟了大学生思想政治教育的新领域。网络具有资源共享的特点，网络的资源共享性使高校思想政治教育可以在网络中占有市场，可以通过网络对大学生进行思想政治教育，这在一定意义上克服了传统思想政治工作影响面较小的缺点。由于网络具有信息可复制性、共享性和实时传输性，这使全社会大学生同时接受教育成为可能，这也是传统思想政治教育所做不到的。网络具有形象化、趣味化的特点，网络中的图形、动画、声音和形象等有趣且直观，能够吸引人。高校思想政治教育工作可以利用网络特有的信息高集成性、双向交流性和可选择性，促进大学生有针对性地接受教育

和实现自我教育。

网络化还能最大限度地实现高校思想政治教育工作的社会化。思想政治教育网络可与政府机关、家庭、学校相连，这为社会各界参与高校思想政治工作提供了方便，并能实现大学生思想政治教育工作、家庭与社会力量的有机结合，使高校思想政治教育收到更好的效果，有利于进一步形成高校思想政治教育工作的巨大优势。此外，适应网络时代的新的网络道德规范和行为准则，对大学生思想政治素质提出了更高的要求，这有利于促使大学生严于律己，实事求是，团结协作，严守社会公德和职业道德。

但是应当清醒地看到，网络是一把"双刃剑"，万万不可忽视其副作用。

首先，它冲击了高校过去已经形成的庞大的说教式的意识形态体系，使教育对象出现了主体性的特点。因此，高校思想政治教育面临着新的挑战，互联网使传统的教育阵地逐渐丧失，使思想政治教育者所独具的信息优势极度弱化，思想政治教育者在思想教育过程中的主导地位受到了挑战，单一的说服训导式的教育模式已经远远不适应网络时代的要求，而学生接收信息的主动性大大增强，互联网让学生处于一种极度开放的信息环境之中，思想政治教育背景已不再像过去那么单纯，而是越来越复杂。在互联网上，不同国家之间的文化传统、思想道德观念和生活方式大不相同，冲突十分激烈。而大学阶段正是大学生形成世界观和人生观的关键时期，因此，网上西方文化中"黄色的"、不健康的东西就十分容易破坏大学生固有的道德观、价值观和文化观。从而毒害大学生，使其陷入泥潭而不能自拔，使思想政治工作者千辛万苦培养出来的观念与原则毁于一旦。

其次，由于在网络中，信息传播速度、规模、范围和隐匿性都远远超过以往的任何媒体，所以极易被西方敌对势力和迷信、邪教反动组织利用来对我们进行宣传、渗透。同时，由于网络中人们的交往主要是人机对话或以计算机为中介的交流，人们终日与电脑终端打交道，而缺乏有感情的人际交往，这易使人们趋向孤立、自私、冷漠和非社会化，易使人们对现实生活中他人的幸福和社会发展漠不关心。大学阶段是人际交往能力和人际关系形成的重要时期，由于网络交往与传统的具有亲和感的人际交往大不相同，往往难以形成真实可信和安全的人际关系，大学生在网络交往中一旦上当受骗，就容易对现实产生怀疑、悲观和敌意的态度。

最后，在知识经济时代，大量先进的现代科学知识为大学生提供了丰富的精神营养，成为他们进步的莫大动力。但是在纷繁的知识与信息中，也夹杂着一些不健康的、丑恶的、错误的东西，造成一定程度上的"信息污染"，使大学生意识领域的防御能力及自我调控能力受到严峻考验。大学生思想政治教育工作如何有效地面对网络信息和高科技对大学生思想带来的冲击，是一个崭新的课题。

第二章 高校思想政治教育的创新

第一节 高校思想政治教育内容的创新

一、思想政治教育创新的必要性

高校学生的思想素质是社会环境、学校的思想政治教育和受教育者自身思想矛盾运动综合作用的结果。当前，社会正加速发展，大学生的思想和行为方式也随之发生了结构性、过程性和表征性的深刻变化。只有以人为本，创新方法，才能提高高校学生思想政治教育效果，解决其在新形势下面临的功能性和手段性的双层危机。

第一，社会发展引起了大学生的巨大思想变化，要求创新高校思想政治教育方法。当前，我国正发生转型的、开放的、复兴的巨大变化，追求实利的利益观和道德观冲击着传统思想道德体制的秩序和地位。大众民主权利的提高和全球一体化的浪潮，使人们的竞争意识在空间、时间和强度上都有空前的发展。大众传播媒体和网际空间渗透了人的思想的阵地，深刻地影响着人们接收、接纳信息和思想的方式。经济和科学技术的快速发展，不断地折射出新的思想、道德、伦理问题，也推动人类的思想向新的领域拓展。这也使得大学生的思想发生了结构性、过程性、表征性的变化。既体现在具体行动上，也隐含于思想的形成、发展、转化规律之中。这从客观上要求思想政治教育要改革和创新方法：针对教育对象主体性的增强，必须摆脱约束和模板式的说教，提供可选择、指导性的引导和帮助。由于价值观念多元化的冲击，大学生陷于文化传承断裂、信仰权威缺失、理想主义消亡的迷茫中，需要从文化源头、哲学原理授予学生选择正确的价值取向的方法。当代大学生特别注重以社会，特别是市场竞争的要求、指向、规范、价值来造就自己。但在发展适应社会需求的素质的同时，也受到了"急于求成"、"舍本逐末"、"浮躁"等不良倾向的影响，思想政治教育在方法上要讲求心理内化功能，提高自身抵御外界冲击的性能，保证对学生思想持久影响的主动权。

第二，发展高校思想政治教育的功能要求创新高校思想政治教育方法。现代社会的发展面向世界、面向未来，并日渐以"人的全面发展"作为促进社会进步的根本动力。思想政治教育的功能必须以人为本，面向世界、面向未来发展，方能满足社会和学生自身发展的需要。方法作为实现功能的手段和方式也需要得到发展和创新。在向宏观领域发展中，要更加关注世界政治经济局势以及社会主义现代化建设的深层次问题的日益暴露和突出对学生的影响，加强竞争伦理、科技伦理、环境伦理、网络伦理的教育，培养大学生的借鉴能力、科学分析能力和应对变化能力，提高大学生面向市场、面向世界的思想、道德和心理素质。要向未来领域发展，要综合地运用社会学、系统学和未来学的知识，在大学生中开展预测教育、超前教育和预防教育，增强学生面向未来的信心，培养他们的自我决定力，提高对未来的预测、预防、应对能力，做到思想领先，减少风险，抓住机遇，创造机遇，争取主动。向专业领域和相关领域发展，既要发挥思想政治教育对于促进学生专业精神、求实态度、科学方法形成的基础作用，也要发挥教书育人环境、学生互动环境、物质制度环境、人文氛围环境对大学生思想的教育和感染。

第三，克服传统思想政治教育的弊端要求创新高校思想政治教育方法。在计划经济体制条件下形成的传统的高校思想政治教育模式，过重地强调社会本位，而缺乏对教育对象主体性的考量，没有真正以学生的现实需求和全面发展为本，而对思想政治教育产生重复、空洞、强迫等消极体验，大大降低了思想政治教育的吸引力和影响力。新形势下的思想政治教育工作必须创新方法才能克服这些弊端。在实现导向功能时，不仅要坚持正面灌输、反面批评，更要注重培养学生的预测、选择、决策能力。引导大学生关注自身的特长和个性培养，朝着自我实现方向努力，追求在社会中发挥独特的、创造性的价值。在实现保障功能中，要引导大学生正确处理自主性与依赖性、竞争性与合作性、批判性与适应性的关系，培养信息沟通，矛盾缓解，情调调节的技能，使每位大学生都有"成长、成才、发展、超越"的良好心态。而育人功能的发展要以促进"人的全面发展"作为指向，在过去的传授思想内容、塑造人格风范的基础上，应用人力资源开发理论、智力和非智力因素开发理论等对学生进行综合开发。

二、当前高校学生思想政治教育内容存在的主要问题

思想政治教育的内容，是思想政治教育的重要组成部分，是思想政治教育者向教育对象实施教育的具体要素。它必须体现思想政治教育的根本任务和目的要求，根据思想政治教育目标和对象的思想实际而确定具体内容。一方面，它必须要符合根本任务和目的的要求。另一方面，它必须与时俱进，根据不同时空，不同条件下对象的思想实际情况确定具体内容。所谓思想政治教育内容的内涵即一定社会为了实现其根本任务和目标，在思想政治教育活动中教育者通过一定的方式和手段对受教育者传递的思想政治观念、社会道德规范等知识系统。

我国大学生思想政治教育内容存在的最突出的问题就是滞后性，即思想政治教育内容滞后于经济发展，滞后于国内、国外形势的发展和变化。例如，目前的大学生思想政治教育内容缺乏与科学技术相关的道德、伦理教育。面

对科学技术的迅猛发展，思想政治教育的内容很难适应这方面的要求，特别是缺乏针对网络的道德教育，无法适应网络迅速普及的新形势。大学生思想政治教育内容的说服力和感染力不强也是我国大学生思想政治教育内容存在的一大问题。此处，我们的思想政治教育存在的一个不容忽视的问题就是大学生思想政治教育的内容陈旧，千篇一律，过分强调共性和说教，而忽略了大学生作为思想政治教育的对象本身的差异性，从而导致大学生思想政治教育中无法根治的"两张皮"现象。

三、思想政治教育创新的理论

思想政治教育是指某一国家、政党、社会团体、社会组织为实现其追求的政治上的理想和奋斗目标，或者完成其与政治相联系的工作任务，动员其成员和社会公众共同参与，而对其成员及社会公众所进行的政治、思想、道德的教育，或者施加相应影响而进行的实践性活动。思想政治教育也是一门独立的学科，有专门的研究领域和对象。在新的历史时期，思想政治教育需要理论创新和实践活动的创新。

高校思想政治教育面临的新情况、新问题，迫切需要创新。首先，我国实行社会主义市场经济体制以来，社会转型带来了人们思想的新变化，市场经济的负面影响也带来了新问题。高校大学生群体和其他群体身处其中，不可避免地要受到相应的影响。其次，改革开放以来，西方的政治、文化、意识形态通过各种途径得以传播，对我国产生了一定的影响。由于大学生获取新信息的途径广泛，因此所受影响更直接。再次，当代大学生由于受自身的经历、认识和鉴别的能力限制，更需要及时加以引导、教育，以分清是非。高校思想政治教育的创新应适应形势的要求，发挥思想政治教育的功能和作用，引导大学生健康成长。

（一）高校思想政治教育创新应坚持的理论

1.合力发展，严格秩序

加强和改进新时期的思想政治教育，人们探讨的问题之一是如何实现社会、家庭、学校的密切配合，党政工青等的齐抓共管，实质上就是如何凝聚思想政治教育的力量，形成一种合力，有效开展思想政治教育。因此，研究如何形成和加强思想政治教育的合力，具有重要的现实意义。

（1）思想政治教育合力的含义与特征。

所谓合力，乃集合之力，即联合起来的力量。思想政治教育的合力是指实施思想政治教育的主体，以及对教育对象可能施加影响和作用的其他主体，依照共同的目标，自觉地、有意识地结合起来，形成共识，共同进行思想政治教育。其目的是提高思想政治教育的力度，扩大思想政治教育的影响，增强思想政治教育的效果。就思想政治教育的合力而言，其特征主要表现为如下五个方面。

第一，主体的广泛性。实施思想政治教育的直接责任主体是专门从事思想政治教育的机关、部门和组织，但如果把思想政治教育工作的进行仅限于此，把对思想政治教育工作状况的评价仅限于对专门的机关、部门和组织工作状况的评价，显然是不全面的，思想政治教育的单打一，很难取得实效。除了上述直接责任主体之外，对教育对象可能产生影响的其他机关、部门和组织，如对大学生思想政治教育中的高校管理部门、后勤服务部门、社团组织和业务课教师等，都将产生直接的或间接的影响，应将其视为思想政治教育的有关的责任主体。思想政治教育的合力应是这些主体的联合之力。从这个意义上讲，凡是对教育对象可能产生作用、施加影响的主体，均应视为思想政治教育的主体，可见其主体之广泛。

第二，实施方式方法的灵活性。构成思想政治教育合力的各类主体，在对教育对象施加影响、进行教育时，其方式方法不是固定的、单一的，而应是灵活多样的。既可以是传统的，也可以是创新的；既可以是确定的，也可以是随机的。既可以是专门性的教育，也可以是结合业务活动的教育；既可以在工作时间进行，也可以在业余时间进行。方式方法的灵活性是形成合力、取得效果的特征，也是保证。

第三，途径的多维性。思想政治教育若想取得最佳效果，应多渠道、全方位地进行，而形成合力则是基本保证。思想政治教育应有主渠道，如高等学校对大学生进行思想政治教育，思想政治理论课的课堂教学就被认为是主渠道。除此之外，还应多渠道地进行，如高等学校结合业务课课堂教学进行思想政治教育，结合日常管理进行思想政治教育，结合生活寝居进行思想政治教育，结合课余活动进行思想政治教育，会收到良好的效果。

第四，教育的潜移默化性。实施思想政治教育，既有明示的教育，即明确告知教育对象，教育的内容是什么，教育的目标是什么，教育的要求是什么，这种教育直截了当，直面对象，直达主题，非常必要；也有非明示的教育，这是在教育对象未知是对其进行思想政治教育的情况下，不知不觉地、潜移默化地受到了思想政治教育。这样的教育可以弥补、明示教育的不足和缺陷，收到意想不到的效果。

第五，目标的共同性。各类主体形成思想政治教育的合力，其目标是一致的，就是完成对教育对象思想政治、道德品质的塑造：使党的路线方针政策得以贯彻，各项任务得以完成；加快现代化建设的步伐，实现振兴中华的历史使命。

（2）思想政治教育合力的作用。

第一，力量的集成作用。对教育对象实施思想政治教育，并非所有的机关、部门、组织和相关人员都会自觉地、主动地进行，需要进行必要的组织与协调、分工与合作，从而实现正面作用的最大化。形成思想政治教育的合力，就可以完成各种力量的集成，在统一要求下，实现互动、和谐，向着一个目标努力。

第二，教育的全方位作用。教育对象生活在一个信息高度发达的空间，受到的影响来自各个方面，单一途径、单一方式的教育效果将十分有限。一旦形成思想政治教育的合力，就可以对教育对象的活动空间施加更多的影响要素，丰富教育内容和教育方式，强化接受的程度，减弱或抵消负面的作用与影响。

第三，效果的最优作用。思想政治教育不在于形式，重在效果，加强新时期的思想政治教育，关键问题在于使教育内容能被教育对象所接受，入脑入心，有效地指导自己的行为。怎样增强思想政治教育的效果，形成合力，齐抓共管，是其中重要问题之一。因为如果能形成合力，就能使教育对象置于多渠道的正面作用和监督之下，实现内在认知和外在约束的有机结合。

（3）关于合力的创新实践探讨。

第一，目标明确，朝着一个方向努力。形成思想政治教育的合力，应明确思想政治教育合力的目标指向，尽管目标不一定会完全实现，但没有目标则注定是盲目的。首先，确立的思想政治教育目标应是综合的、全面的，不是单一的，应包括实现党的路线方针政策方面的目标，对教育对象的思想政治、道德品质塑造，实现人的全面发展方面的目标，促进社会和谐进步，促进现代化建设，促进物质文明、政治文明、精神文明发展的目标。其次，应明确各地区、各部门工作进展、事业发展，以及具体工作任务的完成和与思想政治教育的关系，它们之间不是对立的、矛盾的，而是一致的，思想政治教育只能促进各项工作，决不会阻碍工作的进展。最后，思想政治教育效果的出现需要一个过程，思想政治教育的效力受到多种因素的制约，不应要求立竿见影，而应有一个过程。且在某种情况下，其作用是潜在的，不是直接的，但有与没有是不一样的。

第二，责任清楚，考核机制健全。构成思想政治教育合力的各方主体，在履行思想政治教育职能时，尽管有时界线不一定十分清楚，但仍应有相对特定的工作划分，各自应当干什么，怎么干，应分工明确。首先，各类主体应努力在自己的职责范围内承担起责任。如对教育对象实施管理的单位和人员，应结合管理工作，在实施管理的过程中，进行思想政治教育。包括对管理工作的内容引申出思想政治教育的内容，边管理边教育，以管促教、以教促管；包括进行与管理工作内容有关的思想政治教育；包括进行与管理工作内容关系不很密切，但与形势发展和客观环境密切相关的思想政治教育。其次，专职从事思想政治教育的单位和人员应承担起组织协调的任务。思想政治教育合力的形成不是自发的，专职从事思想政治教育的单位和人员有责任、有义务，对与教育对象有关的各类主体，进行组织、协调和倡导。一般来说，凡是形成合力较好的单位，除了领导重视之外，都离不开专职从事思想政治教育的单位和人员的有效工作。最后，应建立客观的、完善的考核评估机制。思想政治教育合力的形成，既需要各类相关主体的正确认识和主动性、积极性，也需要有效的考评机制制约，建立客观、完善的考评机制，将思想政治教育的工作状况作为考核的项目、内容之一，纳入对各级组织、各单位、各类实体的考核体系之中，对合力的形成会起到良好的推动、促进作用。

第三，主动配合，相互促进和制约。思想政治教育的合力能否形成，形成到什么程度，取决于各相关主体的认识和工作状态，只有一般性要求，只有思想政治教育人员的倡导，各直接责任主体认识不到位，行动不自觉，缺少积极性，仍然很难形成思想政治教育的合力。各类主体应充分认识自己在思想政治教育中的职责，确保工作到位。同时努力做到以下各点：首先，主动与其他主体配合。与教育对象有关的各类主体应注意两个方面的配合：一是围绕同一思想政治教育主题所进行的必要配合，二是各职能部门的业务工作上的必要联系所进行的思想政治教育的配合。其次，不断总结经验，互相借鉴和促进。某一责任主体能结合自身进行思想政治教育的情况，总结提升、形成经验，可以对其他主体产生借鉴作用，互相促进，共同提高。最后，各主体间应多吸收正面的、积极向上的东西，摒弃消极的、负面的东西。

第四，求真务实，力戒形式主义。在实施思想政治教育过程中，容易引起教育对象反感和排斥的问题之一是片面追求形式，不注重实效，如果仅将思想政治教育的合力视为形式，或某一主体实施思想政治教育时仅注重形式，那么很难收到实际效果。应当说，思想政治教育的进行离不开相应的载体，教育的形式必不可少，不以相应的形式进行教育，就无从谈起实质上的教育。关键在于形式选择的合理性、恰当性。首先，要树立以人为本的理念。思想政治教育不是利用人服务己，将人作为利用的对象或工具，而是给予人、服务人，促进人的思想道德素质的提升和全面发展，进而促进社会的发展和进步。如果教育对象切身体会到了思想政治教育对自己的积极作用，就不仅不会排斥，还能主动配合，自觉接受教育。其次，重实效反对形式主义。

思想政治教育的实效，表现为教育对象对教育内容的接受并反映在自己的行为中，使自身的综合素质得到提升，在社会的发展进步中有所作为，成为积极的推动力量。为此，应正确地处理内容与形式、过程与结果的关系，从事业和人民群众的根本利益出发，踏踏实实地开展思想政治教育。最后，坚持与时俱进，开拓创新，创造思想政治教育的新局面。创新的时代，创新的要求，思想政治教育必须与时俱进。而思想政治教育的创新包括体制与运行机制的创新，教育途径和方法、方式的创新，评价和考核标准的创新，观念和思维的创新等，这是思想政治教育的生命力之所在。

2. 与时俱进、开拓创新

与时俱进是马克思主义的理论品质，是中国共产党的思想路线所体现的时代内容，是中国共产党人具有的政治品质、思想观念、精神状态和境界。对于与时俱进的科学内涵，党的十六大报告中有这样一段表述："与时俱进，就是党的全部理论和工作要体现时代性，把握规律性，富于创造性。"这里讲的时代性、规律性和创造性就是与时俱进的科学内涵。

体现时代性，就是我们的全部理论和工作都要按照时代变化和历史趋势发展，既不可停滞不前，也不能超越特定时代和客观条件而空想、冒进。这就要求我们把所处的时代搞清楚，把党的历史方位搞清楚。党的十六大报告指出：从当今世界看，和平与发展仍是时代的主题，政治多极化和经济全球化在曲折中发展，科技进步日新月异，综合国力竞争日趋激烈；从国内情况看，我国仍处在社会主义初级阶段，初步实现了小康，正在全面建设小康社会。

把握规律性，就是我们的全部理论和工作都要把握事物运动过程中内在的、本质的、必然的联系，一定要按照客观规律办事。当前尤其要重视和把握三大规律，即共产党执政规律、社会主义建设规律和人类社会发展规律。

富于创造性，就是我们的全部理论和工作都既要继承前人，又不墨守成规，做到"四有"，不断有所发现，有所发明，有所创造，有所前进。思想政治教育只有遵循与时俱进、开拓创新的原则，才能体现出思想政治教育的生命力，才能有效发挥思想政治教育的功能和作用。首先，社会的发展需要思想政治教育的与时俱进。其次，教育对象的思想变化要求思想政治教育的与时俱进。最后，教育方式与手段的变化要求思想政治教育的与时俱进。

思想政治教育要与时俱进，首先，要密切关注社会的发展变化，认清社会发展的趋势，坚持发展着的马克思主义。从事思想政治教育的工作者，应当密切关注社会发展的走向，研究社会发展给人们带来的思想变化和人们对精神文明的需求，实现教育到位，实现准确、及时、有效。其次，及时了解教育对象思想的新特点，调整相应的教育内容。教育对象的思想将随着社会的发展变化而变化，具有时代的特点，与此相应，思想政治教育应当及时研究这些新特点，探寻思想政治教育的规律，调整思想政治教育的内容。最后，运用科技发展创造的良好条件，采取现代化教育手段。我们已经进入信息时代，网络技术、多媒体技术和其他传播技术，为思想政治教育的实施创造了崭新的环境和条件，提供了现代化的教育手段，思想政治教育应当有效地加以运用。

3.实事求是、从实际出发

（1）要反对落后于现实实际或者超越于现实实际的倾向。思想政治教育一旦落后于现实实际，就会表现为观念的落后、教育内容的落后、教育方式与手段的落后、对教育对象的保守与落后等，教育对象很难接受此类教育，哪怕教育者真情实意，积极投入，也很难收到实效；反之，思想政治教育超越了现实实际，表现为设定的目标过高、对教育对象的要求过高、期望值过高，教育的内容超越现实，同样难以为教育对象所接受，难以收到实效。在思想政治教育实践中，常常能听到从事教育的人抱怨不断，认为投入很多，效果不佳，往往把责任推到教育对象身上，说他们思想特殊，难以教育，这是不妥当的，我们反倒应当从自身找原因，看是否脱离了实际。

（2）要反对物化教育或者空洞教育。在市场经济环境下，人们可以解放思想、公开合法地追求个人利益，社会也努力创造公平竞争的环境。人们的思想更为务实。此时的思想政治教育容易产生的问题：一是为迎合教育对象的心态而放弃正常的引导性教育，转而进行实用主义的教育或者物化教育。如果这样，势必降低思想政治教育的层次，此类教育哪怕教育对象较欢迎，也应注意改进；二是空洞的教育，在教育中追求形式主义，只重形式不顾效果，对下教育夸夸其谈，对上汇报成绩卓著，却忽略了教育对象的实际接受程度，这种教育同样是无效的或基本无效的，甚至引起教育对象的极大反感。

（3）要反对无能教育或者随意拔高教育。所谓无能教育，是指教育者自身对教育缺乏自信，过低估计教育对象的接受程度，认为教育的作用不大，效果不好，无能为力，既然要继续教育，就没必要追求效果，形式完成就算完成任务。教育者的这种心态决定了教育者不会倾情投入，不会作为一种事业去奋斗，不会作为一项任务去完成，其教育效果可想而知；与此相反，另一种倾向是过高估计教育对象的接受程度，对教育的功能和作用估计过高，对教育效果过于乐观，对教育对象的要求明显超过现实实际，其结果往往是欲速则不达，同样难以取得预期效果。一旦形成此种局面，就很可能使教育者丧失信心，热情受挫，转而走向另一种倾向，即无能无效教育的倾向。

（二）创新高校思想政治教育应树立的观念

1.应树立"度"的观念

所谓"度"，有多种解释。思想政治教育的"度"，是指思想政治教育的程度、限度。具体地说，是指将积极性和科学性结合起来，遵循客观规律，从思想政治教育工作的具体环境和人民群众的思想实际出发，将对思想政治教育的地位、作用的认识，工作内容的确定，工作方式方法的选择，工作效果的预期，都掌握在恰如其分的程度上，排除各种错误思想、思潮的影响，取得思想政治教育工作的最佳效果。当前倡导思想政治教育的"度"，主要应正确认识和把握如下问题。

（1）关于思想政治教育地位的"度"。在我国社会主义现代化建设的今天，应如何认识思想政治教育的地位，这似乎是不成问题的问题，是各级党政机关和思想政治工作者应十分清楚的问题，但在实践中并不一定认识和把握得十分准确。可能偏离"度"，或者不适度的认识，主要有两个方面的表现。首先，将思想政治教育提高到不适当的高度，置于统领一切的地位。其次，将思想政治教育的地位任意降低，甚至取消，置于可有可无的地位。准确认识思想政治教育的地位，应反对和克服上述认识，将思想政治教育工作置于其应有的地位。首先，思想政治教育应服务于党的中心工作。其次，党的长期奋斗目标和近期工作任务的完成离不开思想政治教育的支持与保证。最后，思想政治教育是实现党的政治领导工作的一部分。

（2）关于思想政治教育作用的"度"。如何认识思想政治教育的作用，怎样发挥思想政治教育的作用，从"度"的要求和评价来看，两种认识都是相背的。首先，认为思想政治教育是万能的。评价经济、文化、科技发展状况，评价人们的思想、精神状态，往往与思想政治教育结合起来，工作有进展、有成绩，同时能总结思想政治教育工作的经验，工作不顺利、出问题，就认为是思想政治教育没做好，甚至讥笑、嘲讽从事思想政治教育工作的同志，似乎思想政治教育工作可以决定一切。其次，认为思想政治教育是无用的。这种观点认为，在市场经济环境下，鼓励竞争，强调法治，赋予每个个体充分自由发展的空间，追逐利益、获得利益最大化，是人的思想的基本趋向，思想政治教育对市场主体而言，没有任何帮助，不能体现出任何价值，没有任何作用。况且思想政治教育工作没有任何强制性约束，听也可，不听也行。

要正确地理解思想政治教育的作用，上述认识显然是不适度的。思想政治教育有重要作用，但既不是万能的，也不是无用的。思想政治教育的导向作用、保证作用、协调作用和育人作用是不能否认的。同时也有一定的局限性，因为它属于上层建筑的范畴，必然要受到经济基础的制约，它不能像生产劳动那样直接产生经济效益，对经济的作用是间接的；在现阶段，它要服务、服从党的路线、方针、政策，不能与之相背离；思想政治教育具有时效性，随着时间的推移，教育内容、教育方式和手段、教育效果、教育对象的思想状况，都将发生相应的变化，不能一劳永逸。

（3）关于思想政治教育内容的"度"。

思想政治教育的内容涉及教育什么，用什么进行教育，让教育对象获得什么的问题。思想政治教育内容的适度，在于选择量的适度，促进人的全面发展的适度。

所谓量的适度，是指实施思想政治教育时，要体现时代的要求，要根据教育对象的特点，有重点、有选择地确定教育内容。所谓准确性的适度，是指思想政治教育要针对教育对象的思想特点和思想实际，答疑解惑，引导鼓励，切实能解决人们的思想问题。所谓促进人的全面发展的适度，体现的是对教育对象的人文关怀，体现的是思想政治教育目标层次的提升。

（4）关于思想政治教育方式方法的"度"。当今的思想政治教育应采取何种方式方法，在一段时间里，使不少人产生困惑，老办法不管用，新办法不会用；软办法不顶用，硬办法不能用的状况，曾使一部分人无所适从。坚持改革开放，实行市场经济，社会发展至今，反思当时的困惑，是可以理解的。社会的发展不以人的意志为转移，当社会环境发生革命性变化的时候。思想政治教育应当勇于并善于而对新环境、新情况，在此情况下，发挥能动作用。思想政治教育的方式方法也应与时俱进。在新老方法都可用、新老方法都有用的情况下，应选择什么方式方法用？当然要选择有用，在有用程度不同的情况下，当然要选择作用大的方式方法。这就涉及对方式方法有效性的衡量标准问题。何种方式作用强或弱，何种方式作用大或小，应进行科学的评估，依照评估排列的顺序，如果可以同时使用，就应在突出重点的情况下，同时并用；如果不可同时使用，就应选择作用大、效率高者，实行最优化选择。

（5）关于思想政治教育对象的"度"。思想政治教育是向受教育者或教育对象施加作用和影响来实现的，教育效果如何，要通过教育对象的接受程度和行为表现来评价与检验。对思想政治教育的对象，在基本思想状况的评价上，在教育的要求上，在作用效果的评价上，也应坚持"度"的观念，做到客观和适度。首先，对教育对象的基本思想状况的评价要适度。其次，对教育对象接受程度的要求要适度。最后，对教育效果的评价要适度。

2.应树立"时效"观念

时效是法律上一个很有实际意义的概念。这里所说的思想政治教育的时效，是指思想政治教育在某一特定时间的效力。与法律上的时效相比，思想政治教育的时效具有如下特点。第一，时间的相对模糊性。法律上的时效制度十分严格，无论是诉讼时效，还是追诉时效，规定的期限都十分确切，只要超过期限，就丧失法律的约束力。思想政治教育的时效也涉及期间，但这个期间则较模糊，多一天，少一天，都可以认为属于有效期间。第二，作用对象的决定性。法律上的时效与法律约束对象无关，是否具有法律效力，完全决定于法律的规定。思想政治教育的时效尽管受到多种因素的影响，但效力效果如何，主要决定于教育对象的接受程度。第三，执行方式上的非强制性。法律上的时效一经确认，在此期间的执行具有强制性，不以当事人的意志为转移。思想政治教育的时效则不具有强制性，在有效期内的实施方式靠教育、靠教育对象的接受程度，任何试图强制实施思想政治教育的想法都是不可取的，也是行不通的。

思想政治教育的时效可以分为短期时效和长期时效。所谓短期时效，是指在某一阶段或期间，通过思想政治教育的实施，使教育对象基本接受了教育，实现了教育的基本要求，达到了教育的应有效果。如四年制大学本科学生在学习期间，通过学校的思想政治教育，顺利地适应了大学生活，正确地处理了德、智、体、美、劳各种关系，圆满地完成了学业，心理健康，确立的世界观、人生观、价值观与学校的要求一致。所谓长期时效，是指阶段性的思想政治教育不仅在这一阶段发挥了效能，而且教育的作用一直延伸至阶段性教育之后，超出这一期间，在这一期间所受的教育继续有效。如高等学校对大学生的思想政治教育不仅使学生在学习期间发挥效能，而且所受的政治、思想、品德教育，所形成的世界观、人生观、价值观对今后的社会生活，甚至对一生都有作用。

树立时效观念具有重要意义。首先，树立时效观念要求思想政治教育要追求效率。不同的人，不同的内容选择，不同的教育方式，在相同的时间里，教育效果可能不同，思想政治教育存在效率的高低、作用的大小。当强调树立时效观念时，不得不要求我们要追求思想政治教育的效率。要讲求效率，就不能被动地等待，而要积极进取；要讲求效率，就要求我们讲究实效，以最小的投入，取得最大的效果。其次，树立时效观念有利于实施思想政治教育的阶段性划分，由表及里，由浅入深。所谓时效，是指某一时间、某一阶段的思想政治教育的效力。显然，对教学对象而育，不同的时间、不同的生活阶段，对思想政治教育的要求是不同的，当我们树立时效观念时，应当将教育对象的人生经历划分为若干个阶段，在某一特定阶段或者某一特定时期，采取相应的思想政治教育，求得最佳效果，实现教育层次的不断提升。最后，树立时效观念有利于认识思想政治教育的长期性，克服一劳永逸的思想。

四、高校思想政治教育创新的原则

（一）坚持科学发展观的指导

构建高校思想政治教育的创新，必须紧紧围绕科学发展观对高等教育的要求，通过创新加强和改进思想政治教育，促进大学生思想道德素质与科学文化素质的协调发展，建立高校人与人之间、人与环境之间、人与社会之间的和谐关系。

首先，以科学发展观指导构建高校思想政治教育的创新，就是要在高校思想政治教育的内容、原则与途径的创新过程中，处处贯彻以人为本的要求，把尊重人的人格、满足人的需要、实现人的全面发展落到实处。

其次，以科学发展观指导构建高校思想政治教育的创新，要努力实现大学生思想道德素质与科学文化素质的共进，竞争意识与宽容精神的兼备，开拓创新精神与百折不回毅力的统一，为大学生的可持续发展奠定坚实的基础。

最后，以科学发展观指导构建思想政治教育的创新，要坚持以科学发展为目标，以加强制度建设为根本，以强化管理为保障，以和谐文化建设为支撑，不断增加和谐因素，化解不和谐因素，整体推进高等教育质量的提高，实现高校质量、结构、规模、效益之间的和谐发展。

（二）以社会主义核心价值体系为立足点

党的十六届六中全会提出建设社会主义核心价值体系，是我们党的一个重要理论创新。作为社会主义制度的内在精神之魂，社会主义核心价值体系在所有社会主义价值目标中处于统摄和支配地位。没有社会主义核心价值体系的引领和主导，改革开放和现代化建设就会失去方向、失去根本。社会主义核心价值体系主要包括马克思主义指导思想、中国特色社会主义共同理想，以爱国主义为核心的民族精神和以改革创新为核心的时代精神和社会主义荣辱观四个相互联系、相互贯通、相互促进的辩证统一的有机整体。

以社会主义核心价值体系指导构建高校思想政治教育的创新，就是要把社会主义核心价值体系融入创新的全过程中，使社会主义核心价值体系的基本要求得到切实贯彻和充分体现，为高校和谐发展提供坚实的基础。

首先，以社会主义核心价值体系为指导构建高校思想政治教育的创新，就是要在创新中牢牢把握马克思主义指导思想这个活的灵魂，保证思想政治教育创新的性质和方向，为思想政治教育的创新提供正确的世界观方法论，使在经济体制深刻变革、社会结构深刻变动、利益格局深刻调整、思想观念深刻变化下的高校思想政治教育，能够在纷繁复杂的社会生活中以及多元变化的思想观念影响下，正确认识和把握人类社会发展的规律、经济社会发展的大势、社会思想的主流与支流，厘清错综复杂社会现象的本质和方向，使马克思主义中国化的理论成果深入人心，成为引导大学生与时俱进、开拓创新、奋发有为的强大思想武器。

其次，以社会主义核心价值体系为指导构建高校思想政治教育的创新，要通过不断创新的教育途径与教育方法，使中国特色社会主义的共同理想，成为大学生进步与发展的强大精神动力和自己的价值追求、价值取向和价值目标，并把个人的幸福与社会主义初级阶段的目标、国家的发展、民族的振兴紧密联系起来，不断增强对中国共产党的领导、社会主义制度、改革开放事业、全面建设小康社会的信念和信心，最大限度地在高校师生中形成共识。

再次，以社会主义核心价值体系指导构建高校思想政治教育的创新，要在不断的创新中大力弘扬以爱国主义为核心的团结统一、爱好和平、勤劳勇敢、自强不息的民族精神，大力弘扬勇于改革、敢于创新的时代精神，增强大学生的民族自尊心、自信心和自豪感，培养大学生不畏艰险、勇于创业、开拓进取的良好品质，保持昂扬向上、奋发有为的精神状态，凝聚起实现中华民族伟大复兴的强大精神力量。

最后，以社会主义核心价值体系指导构建高校思想政治教育的创新，要在创新中更加有效地确立人人皆知、普遍奉行的价值准则和行为规范，在广大师生中广泛进行以"八荣八耻"为主要内容的社会主义荣辱观教育，大力倡导爱国、敬业、诚信、友善等道德规范，推动形成我为人人、人人为我的良好氛围，形成知荣辱、讲正气、促和谐的良好风尚。

（三）以高校面临的新情况、新问题为主轴

随着我国经济的持续和高速发展，我国高等教育的发展也取得了长足进步。高等院校无论从人数上看，还是从作用与影响上看，都已成为构建和谐社会不可忽视的重要组成部分。当前，高校师生的思想状况总体上是积极、健康、向上的，校园总体上是和谐的。但是，我们也必须清醒地看到，仍然存在着不少影响校园和谐的矛盾和问题。经济的全球化、社会的重大转型、高等教育的迅速发展、互联网等现代科技手段的运用等，都对高校建设和思想政治教育创新提出了新的考验。

首先，高校思想政治教育的创新要积极应对经济全球化的影响。由现代科学技术革命所引发的经济全球化浪潮，使世界上几乎所有国家都被卷入其中，在使世界经济日益融为一体的同时，也对世界各国的政治、经济、军事、社会、文化等各个领域，乃至人们的思想观念、思维方式等产生了巨大影响。

对作为一把"双刃剑"的经济全球化浪潮，就高校思想政治教育而言，积极适应其进程，可以在更广阔的范围内加深同其他国家的交流与合作，有利于形成更加宽容理性、求同存异、平等竞争的经济、政治和文化环境，有利于引导教育对象树立全球意识、开放意识、自主意识和竞争意识。与此同时，也面临着日益隐蔽化、复杂化的两种社会制度、两种意识形态的对立和斗争带来的挑战，面临着西方文化与价值观念不断渗透与扩张的挑战，面临着因外资进入而导致的竞争加剧所带来的人们心理压力增大的影响，面临着西方社会的突发性事件所带来的影响等，高校思想政治教育的创新，必须关注、适应和有效解决上述问题。

其次，高校思想政治教育的创新，要着力解决因社会重大转型而产生的新问题。所谓社会转型，即是由传统型社会向现代社会转变的过程。对中国社会而言，社会转型是由传统自然经济和计划经济社会向社会主义市场经济转变的过程。这一转变过程，既带来了社会经济成分、组织形式、就业方式、利益关系的多样化，也带来了我国经济的快速发展和社会的巨大进步，增强了人们的竞争意识、效率意识、民主法制意识和开拓创新精神。

与此同时，市场经济的趋利性又容易引发个人的过度物质欲望，诱发拜金主义、享乐主义和极端个人主义思想观念；社会的巨变不仅导致一些人的困惑不解、悲观失落、方向迷失，而且还在片面追求经济效益和眼前利益的驱使下，诱发实用主义、功利主义思想以及对政治的冷漠感，这又使社会理想与信念受到冲击；日益明显的多元化价值取向以及不同程度存在的分配不公、腐败现象、社会治安不稳定、假冒伪劣、下岗失业、部分群众生活困难等社会热点、难点问题，容易使人们心理失衡，引发思想认识问题，导致保守心理、攀比心理、逆反心理、仇富心理等不良社会心理在一定程度的蔓延；随着改革开放的不断深入和利益格局的不断调整，人民内部矛盾有所增加，有的矛盾还日趋尖锐化、复杂化，群体性事件也呈增加趋势。

这一系列问题都影响着大学生对党和政府的信心和信任，影响着校园的稳定，影响着高等教育的持续健康发展。为此，要加快高校思想政治教育创新的步伐，充分发挥思想政治教育的作用，积极应对社会转型中出现的新问题、新矛盾，消除构建和谐校园进程中的各种阻力，促进和谐校园目标的早日实现。

再次，高校思想政治教育的创新，要着力解决高等教育快速发展所带来的新问题。我国高等教育的快速发展，是社会主义市场经济蓬勃发展的必然结果，也为推进社会主义市场经济建设做出了巨大贡献。但是，高等教育的快速发展也不断地给和谐校园建设提出一系列新问题。一是多数大学生在认同社会主义市场经济竞争精神的同时，又承受不了竞争的压力，导致心理问题的出现。二是部分大学生在学习上重实用知识、轻基础知识，重实用技能掌握、轻科学思维方法训练；择业上重经济效益好、工作舒适的职业，轻社会需要而环境艰苦的职业；社会交往中重实际利益、轻人伦道德和人格修养，价值取向有着明显的功利性。三是部分大学生的理想信念缺失、学习动力不足、上进心不强，导致学习上两极分化现象的出现。四是许多大学生不能正确处理大事和小事的关系，不屑于做小事但又眼高手低，做不好大事的现象较为突出。五是婚姻、恋爱观念相对开放，道德观念不强，有的还染上了浓重的功利色彩。这些问题都给高校思想政治教育的创新提出了更高要求，必须认真加以解决。

最后，高校思想政治教育的创新，还要解决好因互联网的广泛应用而带来的新问题。当代大学生十分乐于接受新生事物，互联网已成为他们学习、生活、娱乐均离不开的重要工具，网上冲浪已成为他们的一种习以为常的生活方式。但是，互联网的开放性、及时性、隐蔽性、虚拟性、互动性等特点，使两种意识形态对大学生的争夺变得更加激烈和难以控制，使一些大学生容易受到许多不道德、不健康的信息如黄色信息、暴力信息、恶意信息、反动信息的影响。少数网民制造计算机病毒、侵害他人权益乃至妨害国家安全和公共安全的"黑客行为"，不仅在一些大学生眼中不被视为应该予以谴责的行为，反而被视为网络英雄行为而加以崇拜。更有一些大学生沉溺于网络游戏中，耽误了学习，甚至因对虚拟世界的沉迷而不愿回到现实生活中来，引发了性格闭锁、人际交往能力低下等影响大学生发展的严重问题。高校思想政治教育的创新，就是要紧紧围绕着这些问题，拿出有效的解决办法，使大学生能够有一个积极、健康、规范的网络生活。

（四）以促进大学生全面发展为旨归

人的全面发展是古往今来无数思想家们追求的理想，也是深入持久地推进改革开放、推进社会主义市场经济发展的动力来源和目标指向。没有人的全面发展，社会主义市场经济发展的动力就会枯竭，实现中华民族伟大复兴的梦想就会落空。构建和谐校园高校思想政治教育创新所做的一切，说到底都是在为实现人的全面发展而创造更好的条件。因此，高校思想政治教育的创新，其目的与归宿都在于促进大学生实现自身的全面发展这一目标。

首先，高校校园文化建设中思想政治教育的创新，就是要通过促进大学生思想道德素质与科学文化素质和心理健康素质之间的和谐共进，推进大学生的全面发展。高校思想政治教育的创新，就是通过提高大学生的思想道德素质，为大学生的科学文化素质和心理健康素质的发展提供方向保障和动力来源；通过提高大学生的心理健康素质，为大学生的思想道德素质和科学文化素质奠定发展的基础；通过提高大学生的科学文化素质，来展现对大学生进行思想道德教育与心理健康教育所取得的学习结果，使三种素质之间形成一个相互促进、相互统一的有机整体。

其次，高校校园文化建设中思想政治教育的创新，就是要通过自身不断地与时俱进，全力打造有利于实现大学生全面发展的良好条件。高校思想政治教育的创新，既是促进大学生全面发展的重要措施，也是一项规模浩大、涉及面广的系统工程，其创新的领域包括高校思想政治教育的内容、原则、途径等诸多方面。就高校思想政治教育创新的内容而言，就是要根据迅速发展的高等教育实际，针对更为广泛的思想政治教育对象，优化对高校思想政治教育影响巨大的竞争环境、传媒环境和网络环境；就高校思想政治教育的原则而论，就是在科学发展观的指导下，以社会主义核心价值体系为基础，根据高等教育实际，促进大学生的全面发展。就高校思想政治教育创新的途径来说.则是要紧紧围绕社会的转型、中西方文化的碰撞、高等教育的大发展、高校学生的需要以及现代教育技术的应用等方面，大力进行创新的探索，推进大学生的全面发展。

五、思想政治教育内容创新的依据

（一）思想政治教育内容创新的理论依据

任何一门学科都要以一定的理论做指导，马克思主义的基本理论为思想政治教育提供了理论基础和依据。思想政治教育内容创新的理论依据，正是源于马克思主义学说本身不是一个僵死的理论体系，而是一个与时俱进的理论体系。

马克思主义关于社会存在与社会意识的辩证关系原理是我们制定思想政治教育内容的理论基础之一。马克思主义认为，社会存在决定社会意识，社会意识是对社会存在的反映，同时，社会意识对社会存在具有能动的反作用。思想政治教育工作根植于马克思主义所揭示的关于理论与实践、社会存在与社会意识的内在本质及其辩证关系的科学理论。我们进行思想政治教育内容的创新就是要在思想政治教育工作中做到理论与实践相结合，根据社会实践的变化做出理论调整。

马克思和恩格斯提出的关于人的本质和人的全面发展的学说，也是我们确定思想政治教育内容的重要理论依据。"人的本质不是单个人所固有的抽象物，在其现实性上，它是一切社会关系的总和。"这是马克思主义关于人的本质的经典性表述。同时人的发展总是要受到历史条件的制约。而实现人的全面发展同样需要社会满足一定的条件，能够为社会每一个成员提供全面发展和表现自己的全面能力的机会。另外，人的全面发展也需要社会提供的全面教育。因而，思想政治教育的内容要根据人的需要和人的全面发展的要求而不断地创新，以增加思想政治教育工作的针对性，提高思想政治教育的时效性。

（二）思想政治教育内容创新的实践依据

思想政治教育在实践领域的发展，可分为国内和国际两个层面。从国内层面上看，思想政治教育同经济、管理、业务等活动都具有广泛的渗透性，并且深深根植于现代社会生活中。在现代条件下，政治、经济和科学技术的发展，不断开辟出新的领域，市场经济体制所导致的竞争格局，大众传播媒体形成的传媒环境为基础的国际互联网络，以及由经济和科学技术发展所导致的环境问题、生态问题等，这些新发展的领域和新涌现的问题，迫切需要更新了的思想政治教育内容与之相适应。而我国传统的革命道德教育、阶级斗争教育并不能满足社会实践的要求，从而造成理论与实践相冲突、相脱节。我们进行理论创新的着眼点就在于理顺二者的关系，使得理论真实地反映社会实践，为社会实践服务。

从国际层面上看，随着经济全球化政治多极化的发展，世界各国的政治、经济、文化交往频繁，各种思想文化相互激荡、相互渗透。现代科学技术的发展和信息的涌动，加速了各种思想文化的交汇，并把许多不同国家、民族、地域的思想文化形态浓缩在一起，使思想政治领域更加错综复杂。因此，我们的思想政治教育所要面对的挑战前所未有。思想政治教育要面向世界，已经成为发展趋势。面对世界发展向我们提出的新课题，我们要有理论勇气回答这些现实问题，不断突破传统框架，勇于创新，使思想政治教育的内容不断丰富。

六、高校思想政治教育内容创新的具体要求

思想政治教育的内容是思想政治教育目标和任务的具体化，科学选择和确定思想政治教育的内容是实现思想政治教育目标和任务的重要环节。因此，选择什么内容开展思想政治教育，决定整个思想政治教育的特性。

大学生思想政治教育内容的创新不是抛弃基础、标新立异，而是在继承传统的基础上，结合时代特征，为教育注入新的血液。当代大学生思想政治教育的主要任务是要以理想信念教育为核心，深入进行树立世界观、人生观和价值观的教育；以爱国主义教育为重点，深入进行弘扬和培育民族精神教育；以基本道德规范为基础，深入进行公民道德教育；以大学生全面发展为目标，深入进行素质教育。这为大学生思想政治教育内容的创新指明了方向。

当代大学生的思想政治教育应该用具有现代化发展趋势、体现时代特点的人和事来引导学生，选择和创新开放环境、竞争环境、信息环境、创新环境的内容来感染学生、激励学生。大学生思想政治教育内容创新的具体要求有以下几个。

（一）使大学生思想政治教育内容贴近社会现实

当前，我国大学生思想政治教育存在的最突出的问题就是发展的滞后性，即思想政治教育内容滞后于经济发展，滞后于国内、国外形势的发展和变化。针对这一突出问题，在大学生思想政治教育内容选择上，思想政治工作者要做大量深入细致的工作，深入研究与现实相适应的思想政治工作内容。只有这样，才能激发大学生对社会现实的关注，同时能够用正确的政治观和思想观看待我国社会主义现代化进程中出现的一系列社会问题，并且能够运用自己的聪明才智去解决问题。

（二）使大学生思想政治教育内容贴近专业要求

高等教育的主要目标是培养具备专业技能的高级专业人才，使他们在毕业后能够胜任社会的不同层次的岗位需要，但由于长期存在的把专业理论、专业技能的学习同思想政治教育的学习人为地分裂开的习惯，使得高校思想政治教育在大学里不受大学生的欢迎和重视，与此同时，经常的、大量的与大学生专业学习相联系的思想问题和矛盾却得不到解决。这一矛盾如果解决不好，危害将是相当严重。因此，大学生思想政治教育的内容也要密切结合学生的专业选择、专业学习、专业素质的提高，从而培养全面发展的大学生。

（三）使大学生思想政治教育内容贴近学生思想实际

学生思想实际是指在学生头脑中形成的，通过自身思维产生的对社会生活和现实状况的理性认识和观念。长期以来，我国的大学生思想政治教育的内容陈旧，千篇一律，过分强调共性，说教成分太浓，而忽略了作为思想政治教育的对象本身的差异性，从而导致大学生思想政治教育内容的说服力和感染力不强。因而，大学生思想政治教育内容要贴近学生思想实际，具体问题具体分析。针对有的大学生中共产主义信念比较淡的实际，要对他们进行马克思主义及人生理想教育；针对有的大学生对国内国际形势认识不清，要对他们进行形势与政策教育；针对严峻的就业形势，要对他们进行就业观念教育；针对有的大学生的一些心理问题，要对他们进行心理健康教育。总之，大学生思想政治教育的内容要密切联系大学生的实际，做到有的放矢，真正为大学生解决学习和生活中遇到的各种现实问题。

第二节　思想政治教育创新的途径与方法

在新的历史条件下，大学生的思想政治教育工作还面临着许多与新形势、新任务不相适应的问题，存在着不少薄弱环节。因此，认真研究新形势下高校思想政治教育工作面临的挑战和机遇，从总体上把握思想政治教育工作的走向，进一步调整思想政治教育工作方法和模式，进一步加强思想政治理论课的针对性和有效性，是摆在我们教育工作者面前的一项重大课题。

一、高校思想政治教育现状分析

意识形态是自觉反映一定的社会集团经济、政治利益的系统化、理论化的观念思想体系，是一个阶级的政治理想、价值标准、行为规范的思想基础。意识形态具有阶级性，先进的意识形态要靠教育、继承，并最终内化为受教育者的内在素质。高校是各种意识形态集聚的地方，是培养人才的主导意识形态的必夺之地。从世界范围来看，任何国家都非常关注这块阵地，并通过法律和行政的手段将意识形态的教育限定在可控的范围。

（一）高校是思想政治教育的主要阵地之一

任何一个国家，其思想政治教育的目的、内容、标准、方法虽不尽相同，但有一共同点，就是非常重视思想政治教育在培养大学生形成符合国家意识的人的价值观中所起的关键作用。

培养什么人、如何培养人，是我国社会主义教育事业发展中必须解决好的根本问题。正确认识和切实解决好这个问题，事关党和国家的长治久安，事关中华民族的前途命运。学校是现代社会有目的、有计划地对青少年、大学生实行思想政治教育的专门机构，是统治阶级的政治文化传播和灌输的重要场所。虽然不同的国家对思想政治教育的提法不一，但任何国家都非常重视对大学生的思想政治教育。如果说在处理民族国家内部个人与社会的关系方面，西方道德教育重视个人主义，那么，在处理对外关系方面，即处理不同民族国家之间关系方面，几乎所有的西方国家都强调培养学生对民族、国家的责任感。美国许多教育方案中反复强调要把学生培养成具有爱国精神，能对国家尽责任和义务的"责任公民"。

　　我国的思想政治教育课程的设置实行政府全面干预、统一规定的方式。在各级各类学校有相应的统编教材、参考书及统一的课时规定。这为培养大学生树立正确的世界观、人生观和价值观，弘扬和培育民族精神，提高思想道德素养，最终引导大学生成为有理想、有道德、有文化、有纪律的社会主义新人，奠定了坚实的理论基础和规范保证。高校思想政治理论课是对大学生进行思想政治教育的主渠道之一，党和国家历来十分重视这一课程的建设。

（二）社会转型期对思想政治理论课教育产生多方面影响

　　在经济全球化和社会转型时期，中国社会生活诸多方面发生了深刻的变化，青年的生活方式也在迅速更新之中，学校的思想政治教育应当随之做出相应的调整。思想政治教育的结果主要体现在德上，而德行的培养需要经历一个外部影响不断内化和内在观念逐渐外显的复杂过程，这是一个非常个人化的过程，需要主体的自我完成。传统的思想政治教育往往强调其政治功能，关注学生的政治方向和思想品德，这无疑是重要的，但在经济全球化和社会转型时期，教育已呈现社会、学校、家庭三位一体的大教育格局，如果还局限于此，显然不能满足社会和受教育者自身发展的需要。对思想政治理论课的重视，并不是一定要增设课程、增加课时，更重要的是如何完善学校思想政治教育的内容，改进教育方法，联系社会实际，贴近学生生活，做到有的放矢。

　　从教育观念来看，在社会转型时期，"培养塑造教育观"和"引导生成教育观"这两种不同的教育观念发生着激烈的碰撞。培养塑造教育观体现着传统的教育思想理论，较多地关注在确定的教育目标下，按传统的认识论来设计课程，以达到培养塑造人的目的，其较少考虑到被培养对象的个体情况，较多的是塑造；引导生成教育观是在对传统的培养塑造教育观的不断反思中发展起来的，其融入了建构主义、体验教育等后现代教育思想，突出教育回归生活、探究学习、生命教育、和谐教育等教育理念，其更多的关注具体被培养对象的个体，引导生成教育观更适应于社会转型时期对创新人才培养的要求。因此，新形势下的思想政治理论课教育，不仅要关注受教育者的政治方向、思想观念等意识形态方面的问题，而且要关注受教育者的身心健康发展的问题；不仅要注重受教育者的知识、技能、思维培养，而且要十分重视受教育者的情感、意志、兴趣、需要、信念等个性素质；同时，更应加强社会责任感与社会能力的培养。

从教育环境来看，网络的高速发展，极大地影响着人们的生活方式、价值判断和学习习惯等，它对思想政治教育来讲是一把"双刃剑"，带来了机遇和挑战。概括而言，机遇表现有三个方面：一是网络的时空优势，其突破了地域限制，在时间、地点和手段上更加灵活，可以使思想政治理论课教育跨越空间进行实时或非实时的交互式教育，提高覆盖面和教育的时效性；二是网络的信息优势，其海量的信息储存和超强的搜索引擎功能，更有利于信息的获取、分析和利用，这为思想政治理论课教育提供了多样化的素材，并能营造出轻松愉悦的教育场景，把许多枯燥、抽象的教育内容转化为生动形象的直观教育；三是网络的沟通优势，其 QQ 群、微信、BBS 论坛、博客等高速有效的视听交流平台，为人们相互之间的交流提供了开放的、平等的、交互式的沟通渠道，且更能调动参与对象的主体性。在思想政治理论课教育中，充分利用网络沟通平台的优势，对减少教育者与被教育者之间的距离感有着积极的意义。同时，可以使思想政治理论课教育从说教模式向引导模式转化，注重教育对象的主体意识，最终达到思想政治教育的目的。网络在给思想政治理论课教育带来有利机遇的同时，引出的挑战也是棘手的。其表现：一是价值观多元。由于网站的庞杂、良莠不齐，各类网站对传播内容、传媒方式、传媒时间等的选择具有一定的价值倾向，有些不良的价值观和理念与社会主导的价值观念、伦理道德相偏离。尤其是西方别有用心的国家更是利用其信息技术的强势，进行其意识形态、价值观的渗透和输出。为此，思想政治理论课教育应积极运用网络平台，掌握主阵地，引导和区分不同信息的性质和类型，善于利用各种信息并将其转化为思想政治理论课教育的内容。同时，还应积极主动扩大马克思主义思想政治教育在网络中的信息容量，树立马克思主义的世界观和方法论，作为正确价值观的引领。二是行为失范。网络匿名制的特点，使对应于现实物理空间的虚拟空间的存在成为可能。在匿名的情况下，也即在虚拟空间中，交流不需要传递蕴含丰富情感的表情、动作和姿势，人们可以摆脱现实生活中的伪装和顾忌，敞开心扉随心所欲，久而久之易形成双重人格，易造成诚信的缺失和法律意识的淡漠，最终可能导致行为失范。思想政治理论课教育要充分认识和把握网络的特点，将思想政治教育的"显"和"隐"相结合，既要向大学生传递先进的思想观念、正确道德规范和法律规章，又要根据大学生的个性特征和思想水平差异选择有针对性的教育手段和教育内容。

二、新形势下思想政治教育工作存在的问题

在我国向市场经济模式全面推进的社会转型期，整个思想文化领域正经历着嬗变与重组的震荡，失去了原有的平衡与稳定，这既给高校思想政治教育理论与实践提供了跳跃发展的契机，同时也给思想政治教育带来更多的两难问题。高校大学生思想政治教育工作面临着新的困难和严峻的挑战，在新形势下如何正确把握思想政治教育的难点，积极采取切实可行的对策，有效地做好大学生的思想政治教育工作，这是摆在高校思想政治教育工作者面前的一大课题。思想政治教育工作作为社会生活的一个有机部分，不可避免地面临着社会主义市场经济所提出的一系列新问题、新要求，市场经济给思想政治教育带来的负效应在一定程度上和范围内影响到思想政治教育工作正常开展。高校思想政治教育工作出现了新的难点。

（一）市场经济的重利性加大了思想政治教育的难度

市场经济强调物质利益，追求最大的利润，这极易滋生拜金主义、个人主义和享乐主义，不但给国家造成巨大的损失，而且严重影响大学生们正确的人生观、价值观和世界观的形成，给思想政治教育工作加大了任务，带来了难度。在经济发展和社会生活中存在的不少矛盾和问题，如减轻农民负担问题未能很好地解决，党内消极腐败现象仍然严重，一些地方社会治安混乱等，还有理论界某些人宣扬的"远离政治""告别革命""回避崇高理想""淡化主流意识"等错误观点以及西方各种社会思潮的传播，所有这些都对大学生思想造成不可忽视的消极影响。许多思想政治教育工作者都深切感到，现在大学生的思想政治工作"难做了"。

（二）现代信息技术的挑战

信息技术和信息网络的迅猛发展，使全球变成了一个整体。因特网出现在我们学校的图书馆、学生宿舍以及教师家庭。高校思想政治教育者在学生信息接收中的权威地位已经打破。在现有成千上万的计算机软件中我们很难找到有关思想政治教育软件的影子，相反一些内容不健康的软件却时常出现在学生的计算机中。特别是某些跨国界的计算机互联网络上的内容纷繁复杂，其中不乏许多精神垃圾，它们极力宣扬西方资产阶级的世界观和方法论，主张"人不为己，天诛地灭"；主张为图私利可以不择手段。有的敌对分子甚至利用这些跨国界的计算机互联网络进行舆论渗透。由于计算机互联网络具有开放性的特点，我们无法事先干扰和滤除这些网上精神垃圾，因此它们可以畅行无阻地到达学生的计算机屏幕，以至直接毒害大学生的思想。

（三）传统的高校思想政治教育工作与知识经济要求的不适应

一是工作形式上的落后，高校的思想政治工作很大一部分是通过开会、听报告、学文件来进行的，即使上课，也是不问对象、不分层次、居高临下地灌输一气，这种形式很难适应现代社会多数人的心理特点。二是内容方面总是满足于做些事后的工作，没有超前性，如关于反腐败的宣传，总是通过讲案例的惩治来表明反腐败的决心。思想政治教育如果只是讲个案例，起个举例说明的作用，而没有超前的深刻的东西，当然不能给人以信心和希望。三是教育功能上单一，我们习惯于把学生思想政治工作简单地等同于单一的政治教育及应付各种突发事件的"灭火队"，其育人作用发挥较少，育人功能已萎缩成管理。四是教育方法上存在着重"共性"轻"个性"的倾向，平常对学生共性制约多，而充分发挥学生的个性，培养创造能力的机会则少。五是在高校内部教育整体上，思想政治工作孤军作战、形成自我循环的窘迫状态，没有将思想政治教育渗透到各科教学及学校各项工作之中，没有形成教书育人、管理育人、服务育人、全员育人、全程育人的局面。六是从高校与社会联系看，高校思想政治教育缺乏与家庭教育、社会教育的充分联系、密切配合，在社会大环境对大学生思想政治教育影响已经超过学校教育影响的今天，高校思想政治教育对社会大环境的影响显得软弱无力。

（四）大学生心理问题凸现出来

心理健康教育作为思想政治教育的一个重要组成部分亟待重视。日益激烈的竞争环境带来的思想重荷，社会问题积累带来的思想困惑，使大学生心理压力加大。伴随着愿望的落空和心理挫折的出现，随之会出现诸如悲观、焦虑、抑郁等消极情绪。严重的消极情绪会使人心理失衡，从而导致个人与社会生活的失调，使得自己的言行很难融入社会进步的洪流中去，甚至极少数学生有厌世和反社会人格等不良心理。我们在以往的思想政治教育工作中，往往不够重视学生心理方面的教育，常常把一些心理问题当作思想问题来解决，结果曲解了学生，这不仅挫伤了学生的积极性，还会导致他们逆反心理的产生。因此加强大学生的心理健康教育是搞好高校思想政治教育不可缺少的方面。当前高校的心理咨询活动开展不广泛、水平也不够高，有待于普及与提高。

（五）思想政治工作队伍状况与强化思想政治教育工作要求不相适应

思想政治工作队伍素质的高低，直接影响到思想政治教育效果的好坏。从目前的情况来看，高校政工干部队伍存在的问题有，一是思想政治工作平时得不到应有的重视，政工人员的地位不高，待遇偏低，评职称滞后，分配住房难，难于安心工作；二是队伍不稳定，不少从事政治辅导员和共青团工作的老师，纷纷要求搞专业教学，担任了班主任的老师也不愿意真正投入这项工作，履行好职责；三是政工干部队伍的素质参差不齐，多数班主任属于传统的管理型、不善于做新时期的思想教育工作，而从事思想政治教育工作的老师往往由于工作离不开和经费较少等原因而很少有学习进修的机会，难以通过有效的途径提高自身素质，与业务人员相比他们又缺少一技之长，因而感到出路渺茫；四是政工人员"单打独斗"，忙于应付。凡涉及学生的事，都是找院系的总支副书记或班主任，检查早操、违纪处理、行政管理、组织开展各种活动等忙得团团转，很难有空余时间静下心来学习理论、思考问题，做学生的思想工作。在强化思想政治教育的今天，思想政治工作队伍恰恰是个薄弱环节。由不稳定的队伍来做不稳定的人的工作，要加强思想政治教育工作，只能是句空话。

三、思想政治教育创新的途径

传统大学生思想政治教育工作建立了一支专兼结合的思想政治教育队伍和较为完整的专门思想政治教育课程体系，这为进一步加强和改进大学生思想政治教育奠定了基础。但在新形势下，传统的单一化、空对空、说教式的思想政治教育途径与方法的缺陷日益凸显，严重影响着思想政治教育工作的成效。

首先，价值取向片面化。在价值取向上过分强调社会本位，重社会价值，轻个体价值；重为政治服务的工具价值，轻完善人格的目的价值，没有真正以学生的现实需求和全面发展为本。强调思想政治教育的"塑造""管制"功能，追求"整齐划一"的德育效果，将"听话教育"视作思想政治教育的最高境界。无视学生内心深处丰富多彩的个体需要与感受，不注重解决大学生的实际问题，不关心学生的正当利益，缺乏"为学生的全面发展和终身幸福服务"的人文关怀意识。

其次，教育过程认知化。把思想政治教育过程等同于知识的认知过程，强调对社会规范的认知、掌握和理解；将德育过程等同于智育过程，忽略了人与人心灵之间的交流；忽视受教育者自身的实践活动；将"掌握"和"认同"等同起来，忽视了外在的道德需求向学生个体道德需要转化的心理机制研究；对学生日常生活中多样化的道德实践关心不足，忽视了道德修养的巨大作用。学生掌握的道德规范、准则体系缺乏实践，不能有效地内化为道德信念，导致"知而不信"；道德信念也不足以外化、支持和指导道德行为，表现为"言而不行"，导致德育的实效受限。

再次，教育途径单一、分散化，缺乏有效整合。思想政治教育单纯依赖课堂教学进行，忽视校园文化、社会实践等隐性教育途径的育人功能。课堂教学过分地强调理论课的大学生思想政治教育主渠道作用，缺乏寓思想政治教育于全课程教育的观念，没有深入发掘各类课程的思想政治教育资源。

最后，教育方法简单化。将学生视为社会道德规范的被动接受者，并采取以灌输为主的德育方法，不重让学生自主发现和探索，重统一而不重多样，重结果而不重过程，抹杀了学生的能动性，忽视了学生个体差异性和自身的需要，致使思想政治教育流于形式。

创新思想政治教育模式，探索高校思想政治教育的途径，迫在眉睫。

（一）创新高校思想政治教育的途径探索

1. 明确校园文化建设在思想政治教育工作体系中的定位

促进大学生全面发展是大学生思想政治教育的终极目标，校园文化建设是开展大学生思想政治教育工作有效途径。

（1）深入推进校园文化建设，加强思想政治教育工作实效。校园文化建设应以学校党委领导高度重视为关键，各职能部门分工协作为保障，以各学生组织积极配合为基础，这就要求整合学校党政、教学、后勤、宣传、社团、学生会等校内力量健全党政统一的领导，形成党群齐抓共管、各负其责的长效校园文化领导机制和工作机制。诚然，大部分高校都将校园文化建设的机制作为学校校园文化氛围形成以及不断发展的重要保障，但是，在校园文化建设机制健全完善的同时应该看到在校园文化发挥育人功能的过程中存在思想政治工作程式化、缺乏对其效果的监督机制、对接受对象的接受程度和接受效果考虑有所欠缺的现象，在长效机制健全完善的同时应将形势与内容相结合、将工作目标与体系绩效评价相结合，新辟校园文化在思想政治教育工作中的广阔领域，确实扎实校园文化建设在思想政治教育体系中的育人作用。丰富创新校园文化活动载体突出文化育人作用。改变校园文化活动中思想政治教育重"灌输"、轻方法，校园文化建设重智育轻德育的偏科状况，并逐渐转变活动丰富却良莠不齐、重视大而全缺乏深度的现象，建立健全全面素质鼓励评价体系，将主动权交给学生，以全面发展为目标，为大学生提供丰富的第二课堂营养自助大餐。

应对大学生课外文化素质教育活动的类型、层次、对象、场所等进行统筹规划。在继承优秀传统文化项目的同时，努力创新文化活动的形式，挖掘品牌，精心组织以科技、创新、实践、文化艺术、红旗团支部创建活动为龙头的科技、文化、艺术、文体等各类品牌活动的建设，培养大学生崇尚科学，追求真知，勇于开拓，迎接挑战的创新精神和创业意识，并积极构建校园文化活动的载体，加强校园网络文化建设，拓宽校园文化建设的渠道和空间，管好、用好校园文化阵地，为校园文化活动提供必要的场地和条件，形成对校园文化活动的正确引导，使思想政治教育深入人心。

（2）完善政治素质教育新平台。大学生政治素质的提高是以掌握马克思主义理论特别是邓小平理论为基础的。大学生只有全面系统地学习马克思主义理论，并掌握其实质，不断提高自身的马克思主义特别是邓小平理论的理论修养，才能抵制各种各样的非马克思主义理论观点的影响，才能不断提高自己的政治素质，坚定正确的政治信仰，这也是校园文化建设在思想政治教育体系工作中的重点。高校应该将工作是否得到广大同学的认同和支持，是否符合他们的利益，是否真正发挥团结、教育、引导青年作用作为衡量的工作标准。根据大学生的现实情况、思想政治教育工作自身特点和社会发展主流确定工作思路。进而在挖掘和创造新的生命力的同时结合新形势、新需求，创新工作载体及工作模式开辟新的政治素质教育平台，服务于思想政治教育。

（3）积极引导学生社团组织发挥其在校园文化建设中的生力军作用。高校应该为广大学生搭建舞台，积极引导学生社团和学生组织发挥主动性和能动性，充分发挥学生社团组织在校园文化建设中生力军的突出作用。校园文化活动中实施项目管理，以学生会、科协、各类社团等学生组织为中介，放手让学生开展工作，使校园文化活动的开展更能贴近青年、服务青年，更有利于锻炼、培养学生各方面的能力，更有利于充分调动学生参与各项活动，更能充分激发基层组织的活力，增强基层组织的战斗力与凝聚力，最大限度地发挥大学文化育人功能在大学思想政治教育中的作用。如塔里木大学校团委积极引导学生社团活动，提出了"百花齐放"的方针，并已粗具规模，学生社团数量众多，是校园文化一道独特的风景线，科技创新类、志愿者类、理论学习类、实践类和文体类的社团一直是塔里木大学校园文化的积极建设者，学生社团开展的活动深受广大同学欢迎。这些活动对增强校园学术气氛、营造学习风气，提高大学生专业水平和实际操作能力，陶冶情操、促进综合素质的提高发挥了积极的作用。

（4）整合拓展校内外资源保证校园文化建设的可持续发展。高校共青团组织应该充分发挥校园文化的辐射作用，广泛争取寻求学校和社会的有关支持和帮助，以解决在人力、物力、财力方面的资源短缺问题，形成校园文化建设内外部优势整合，巩固基础，延伸平台，大力借助校内外、团内外的各种组织力量使他们共同为共青团的校园文化建设工作提供政策、组织等各方面的支持，实现校园文化建设的可持续发展。

校园文化建设作为思想政治教育工作体系发挥重要作用的重要途径和载体，应始终坚持用马克思主义指导思想，中国特色社会主义共同理想，以爱国主义为核心的民族精神和以改革创新为核心的时代精神，社会主义荣辱观，构建以社会主义核心价值体系为基本内容的和谐文化氛围，在先进理论的引导下开展丰富多彩的文化活动，加强高校的思想政治教育工作实效，使广大师生员工对历史使命和文化价值有深刻的认识，为和谐社会主义建设贡献力量。

2.构建校园文化建设长效工作体系

（1）从集中统一走向思想政治教育个性化。在市场经济条件下，由于社会生产力水平的多层次性和所有制形式的多样性，以及影响人们思想形成、变化发展的因素的多样性、复杂性、变化性，这就要求思想政治工作在坚持必要的集中统一教育方法的同时，必须从个体入手，实行"分层式"思想政治教育。要根据教育对象的不同知识结构、个性特征，选择恰当的教育内容，突出重点和个性，灵活机动地采用各种教育方法。坚持因人而异，因材施教，区分层次，使思想政治教育的布局由集中、大型、统一向灵活、小型、多样的方向转化，尊重和凸显学生的个性。

（2）促使思想政治教育民主化。必须坚持以人为本，变"强制性的灌输"

为"民主化的对话"。实行对话式思想政治教育应注意以下几点：第一，要注意培育学生的参与意识与能力。没有对话者的参与，对话难以维系；对话效果的好坏，取决于对话者的能力。因此，在对话式思想政治教育过程中要着力培育学生的参与意识与能力。第二，要有平等的态度。对话为教育双方的参与和发表意见提供了一个平台，它要求对话双方地位是平等的，都有表达自己思想和观点的权利和机会，任何一方不得靠自己的权威或权势压迫另一方。因此．在对话中要注意平等意识的宣扬和培养。第三，尊重学生的创造性和批判精神。对话式思想政治教育过程不是预设的而是生成的，对话是对话者对教育者和自身的质疑、反思和超越。因此，必须充分尊重和发挥大学生在品德建构和道德实践中的主体性、创造性和批判精神，推动大学生不断完善自身的品德，丰富和发展社会的道德规范。第四，要有开放的环境。对话是人们之间相互敞开的一个理解、宽容与接纳的过程。环境的开放是对话得以进行的前提，只有在开放和宽松的社会大环境中，个体的差异性才能得到真正的尊重，才能达到求同存异。

（3）从大张旗鼓走向润物无声，促使思想政治教育隐性化。现代心理学认为，人的思想、心理存在一种"自身免疫效应"，当与人自身固有的思想体系相区别的外界思想进入人的思想时，人自身的原有思想就会形成一个"防护层"，阻止外界思想的侵入。这种外界思想被人感知的程度越大，它所受到的抵触也就越强烈。而传统的思想政治教育教育目的过于直接，是一种生硬的说教和纯学科化的德育，教育方式单调，学生参与不够，学生的主体性不能充分表现，易引起学生逆反心理，难以收到实效。因此，必须从以大张旗鼓的显性教育为主走向以润物无声的隐性教育为主，将思想政治教育融入到管理之中，融入活动之中，融入文化之中，融入环境之中，融入媒体之中，追求一种"使学生受到教育并避免学生感觉有人在教育他"的润物无声的意境，从而提高育人的效果。

（4）从重道德认知走向思想政治教育活动化。坚持以人为本，以大学生的全面发展为目标，创新思想政治教育方法，实现"认知式"教育向"活动式"教育的转变。搞好"活动式"思想政治教育，要注意确立两个中心：一是以教育对象的活动和体验为中心（思想政治教育的活动性），二是思想道德活动以学生为中心（在活动中坚持学生的主体性）。还要处理好三方面的关系：一是外在教育和自我教育的关系，在两者的关系上更要注重发挥教育对象自身的自我教育、自我修养功能，唤醒、激活与弘扬个体潜能中积极、建设性的因素，形成以自我教育为基础的思想品德动态发展机制。二是理论教育和实践教育的关系，在两者的关系上更要注重主体的自我实践体验，充分调动教育对象的道德理性，在实践中自我感悟、自我体验、自我提高。三是思想道德教育与社会生活教育相结合。思想的、道德的生活往往存在于人的整个生活之中，将解决思想问题与解决实际问题结合起来，让思想政治教育回归生活。也就是说，思想政治教育必须符合学生生活的实际情况，关注学生的所感、所思、所悟，帮助学生解决生活中的实际问题，指导他们今后的生活，促进大学生的自身发展和人格完善。

3. 注重高校思想政治教育中与学生的心灵情感沟通

这类的观点主要从加强健康教育以及注重情感沟通的特殊效应两方面来讲。

（1）心理健康教育是加强和改进大学生思想政治教育有效途径的观点。这种观点认为，加强和改进大学生思想政治教育工作，使思想政治教育与心理健康教育互相补充、互相促进，是高校提高思想政治教育的一条行之有效的途径。

首先，统一思想，组织保证，深化心理健康教育在思想政治工作中的基础地位。一方面健康的心理有利于学生接受思想政治教育，并内化为自己的信念，外化为自己的行为。另一方面是科学的世界观、人生观、价值观对一个人的心理素质有极为重要的导向作用，并可以提高其心理健康水平。

其次，增强实效，发挥心理健康教育在思想政治教育工作中的重要作用。要建立一支稳定的、高素质的心理健康教育师资队伍，全方位了解学生心理需求，切实为大学生提供心理援助和解决实际问题。

（2）情感沟通是加强和改进大学生思想政治教育有效途径的观点。这种观点认为，思想教育要做到情中有理，理中蕴情，情真理切，情感交融，思想教育才会收到实效。

首先，关心爱护学生注重感情投资。一个高校思想政治工作者应对大学生充满爱心，倾注深情。处处体察学生，了解学生，关心学生，爱护学生。

其次，运用语言艺术达到以情感人以情动人。思想教育应有真情实感，应当情理交融。必须在教育过程中充分进入角色，体察受教育者话语中流露的情感。

最后，信任激励学生激起学生的感情共鸣。在对大学生进行思想政治教育的过程中，应善于运用信任这一情感因素，激发大学生确立和保持勇于进取、有所作为的精神状态。抓住大学生自尊心强的心理，及时予以有效的激励，这样可以使大学生产生奋发向上的原动力。

4. 注重高校思想政治教育中的典型示范作用

这种观点认为，优秀校友的典型示范是加强和改进大学生思想政治教育有效途径。一方面优秀校友的典型示范教育在思想政治教育中具有针对性和实效性，是在校学生最为亲近的榜样，另一方面优秀校友的典型示范教育在思想政治教育中具有吸引力和感染力。

首先，建立校友工作网络，广泛收集校友事迹。建立健全的校友联系渠道和完善的校友信息库是开展校友工作的前提，是开展优秀校友的典型示范教育的基础。

最后，大力宣传校友事迹，在不同方面进行优秀校友的典型示范教育。要大力宣扬优秀校友的先进事迹，在不同时间不同场合不失时机对学生进行优秀校友的典型示范教育。

5. 加强高校思想政治教育中学生社团的组织

这种观点认为，学生社团是学生按兴趣自愿组织的学生群体，具有群体内部的趋同性和兴奋点的一致性，思想政治工作将社团作为第一环节，通过社团再影响到具体的学生个体可以准确地把握学生的兴奋点，调动学生参与的积极性和主动性。

首先，要选派得力教师参与学生社团活动。教师要在业务和思想两方面关心社团活动，指导和引导学生自主开展活动。

最后，着重做好社团骨干成员的工作。思想教育要把握好社团骨干成员，利用他们的优势把握社团成员的思想状况，并通过他们开展有社团特点、有针对性的思想政治教育。

6. 增强高校思想政治教育中新媒体的宣传

这种观点从加强和改进大学生思想政治教育的紧迫性出发，重点分析了网络对大学生成长的负面影响。在揭示网络害处的基础上，对思想政治教育工作的困难问题，提出了预防性措施和相应的对策。

首先，要加强大学生个人素养教育，提高思想防范能力；其次，要加强网络规范管理，提高网络思想教育传播能力，思想政治教育必须增加网络道德和网络法律法规教育；再次，高校必须加强思想政治教育的创新力度，适时调整教育方式；最后，要加强大学生的心理健康教育，建立心理咨询站。

7. 增加高校有关思想政治教育多种课程设置

这种观点认为，一方面普通高校的军事教育课程既是国防课，更是政治课、德育课，在其中高扬学生思想政治教育的主题，严肃生动，紧张活泼，晓之以理，动之以情，潜移默化地升华大学生的思想政治素质；另一方面由于军事课教学能够做到课内外、校内外相结合、军地相结合、传统与现代相结合、知识传授与能力素质培养尤其是学生思想政治素质培养相结合，具有开放性、创新性和时代性特征，是当前增强大学生思想政治教育实效性的有效途径。

8. 重视高校毕业生就业指导及红色教育的感化功能

这种观点认为，一所学校的学生，毕业时找不到工作，思想教育讲得再多，也不会有好的效果。只有做好就业指导与服务，指导帮助学生找到满意的工作，才能使思想政治教育更有效。首先，就业教育是入学教育的重要内容，让学生按照社会的需要培养、锻炼自己；其次，将就业指导列入教学计划，安排有就业工作经验的老师讲课；再次，开办就业指导讲座，组织就业报告会。

红色教育可以丰富思想政治教育内容和形式，实现内容和形式的创新。红色教育的方式有红色旅游、欣赏红色经典、开设红色网站、演唱红色经典歌曲等，可以采取喜闻乐见的形式使大学生在潜移默化中受到教育，在主动参与中受到熏陶。红色教育是思想政治教育的有效载体，传统教育方式单一、呆板，受教育者易产生厌倦情绪，时效性不强，而红色教育直观生动、感染力强，通过参观博物馆、烈士陵园，听故事、唱红色经典歌曲等，让大学生在现实中受到启迪和教育，弥补了当前大学生思想政治教育的不足之处，这种方式富有趣味性、新颖性、教育性，已经成为思想政治教育的有效载体。红色教育体现思想政治教育的政治导向功能，红色教育培养大学生的爱国主义情感，进一步发挥思想政治教育的政治导向功能，这种教育方式可以使大学生更具体、更深切地体会和领悟爱国主义的情怀。

9. 注重高校班级学风的思想政治教育同化作用

这种观点认为，学风是校风的重要体现和核心内容，是大学文化底蕴和办学理念的集中体现。培养优良学风既是实现高校培养目标、促进大学生成长成才和全面发展的客观要求，也是高校自身可持续发展的永恒主题。

要建立一套加强学风建设的制度。如鼓励优秀学生"脱颖而出"制度、教考分离制度、学生科研奖励制度、学生评教制度、教师评学制度、"双专业、双学位"制度等。班级是学生学习和生活的基本细胞，是学校对学生进行思想政治教育的基本组织形式，是大学生自我教育、自我管理、自我服务的主要组织载体，开展以班级学风建设为基础，以"稳定、就业、考研、竞赛"为中心内容，以抓晨读、晚自习、晚熄灯为举措的学风建设活动，并建立和完善行之有效的班级学风建设评估办法。这样既增强了思想政治教育的实效，又极大地激发了学生认真学习、努力成才的自觉性、主动性和积极性，培养了学生的集体观念和团队精神，增强了学生的责任意识、竞争意识和创新意识，提升了学生的综合素质，并最终为造就德智体美劳全面发展的社会主义事业的合格建设者和可靠接班人提供了坚实的平台。

大学生思想政治教育在向纵横方面、宏观微观领域不断拓展的过程中，构建起了多渠道、多层次、全方位实施思想政治教育的综合育人体系。在此基础上，广大学者一致认为以社会实践为平台，不断优化教学形式，更新教学内容，丰富校园文化，提高教师素质，综合运用多种手段，是大学生思想政治教育实现质的提高的必然之举。

总之，大学生思想政治教育工作是一项需要与时俱进、不断创新的系统工程。为积极主动适应新形势的要求，思想政治教育工作者应该不断探索新途径、新方法，理论结合实际，为提高大学生的思想政治素质，为把他们培养成中国特色社会主义事业的建设者和接班人而不懈地努力。

（二）新时期高校思想政治教育针对现存问题的对策

在市场经济条件下，高校思想政治教育内外环境发生了深刻的变化，思想政治教育工作在模式构建方式手段的改进、环境的营造、队伍建设等方面还有大量的工作要做，有很多问题要解决。我们要解放思想，敢于探索，为培养更多更优的跨世纪人才做出新贡献。

1.必须培养和造就青年马克思主义者、优秀建设人才和大批的合格人才，这是高校的首要职责和重要任务

我们要充分认识到培养和造就青年马克思主义者和优秀建设人才的紧迫性、重要性。我们要以战略的眼光坚持用马列主义、毛泽东思想、邓小平理论、"三个代表"重要思想、科学发展观、习近平新时代中国特色社会主义思想理论武装大学生的头脑，使他们确定无产阶级的世界观、人生观和价值观，并从中培养出一批具有坚定共产主义信念、坚定马列主义理论功底、了解国情、密切联系群众、掌握现代科学知识，能理论联系实际创造性开展工作的青年马克思主义者和优秀人才。如果我们做到了这一条，我们就一定能战胜和粉碎西方敌对势力"西化"、"分化"的图谋；把老一辈无产阶级革命家开创的社会主义伟大事业代代相传。

培养大批的合格人才是社会主义现代化建设对高校提出的最基本的要求，是高校服务于社会的第一职能。高校培养的合格人才应该是德、智、体全面发展的"四有"新人。作为一个社会主义现代化建设的合格人才，必须树立正确的政治方向和正确的价值取向，还必须有真才实学，要学有专长，用人类社会创造的一切优秀文明成果丰富和提高自己。对大学生的培养和教育方式灵活多样。寓教于理，以理服人，只要说服教育得当，道理讲得透彻，学生是能够接受的；寓教于管，严于律己，管理也是教育，在制度建设中，特别要求思想政治工作者严于律己，率先垂范，确保各项制度的顺利实施；寓教于帮，排忧解难，把坚持为同学办实事同解决思想问题结合起来；寓教于情，以情感人，先通情而后达理，发挥"感情效应"；寓教于行，为人表率，真正能教育人的是真理的力量，人格的力量；寓教于乐，生动活泼，积极开展校园文化活动，提高学生的综合素质和能力。

2. 必须积极开拓高校思想政治教育工作在信息技术领域中的新天地

虽然在日新月异的现代信息技术面前，高校的思想政治教育工作明显滞后，但我们决不能甘于落后，而应该奋起直追，以便借助现代高新技术的力量，去更好地开展高校思想政治教育工作。

首先，我们高校思想政治教育的着力点应该是力求提高青年大学生的政治思想文化素质，提高政治敏锐性和明辨是非的能力，提高自身在政治思想上的免"疫"力，增强在各种复杂形势下抵御各种非无产阶级思想的能力。只有这样，我们才能在西方敌对势力实施"西化"的政治图谋中不至于惊慌失措，在大量西方的反动思潮蜂拥而至的时候不至于束手无策，从根本上摆脱那种被动的防御式，救火式的思想政治工作格局。

其次，针对当前思想政治教育软件奇缺，大学生难以在信息技术中直接接受思想品德教育的现状，大力开发思想政治教育软件，使其充分占领软件市场已成为高校思想政治教育工作的燃眉之急。其软件所宣传的应该是科学的世界观、方法论，使学生从中受到马列主义、毛泽东思想和邓小平理论教育，受到爱国主义和党的路线方针政策的教育，受到民主法制、人生观和道德品质的教育，以此达到思想教育的目的；其软件还应该着重针对当前市场经济条件下的社会热点和难点问题，针对目前软件市场上的一些反面教材和学生的思想实际来对学生加以思想引导；其软件也应该力求把那些既深奥又枯燥的思想政治教育理论编成一个个生动形象的计算机程序，以吸引学生去主动使用，从而达到寓教于乐的目的。

再次，思想政治教育也要有超文体结构的教材，学校应该给每个受教育者提供非线型的电子教材，融文字、声音、图像于一体的立体教材，以增强思想政治教育的实际效果。我们要大力组织思想政治教育电子教材加入各种形式的计算机网络。其教材要做到少而精，才能在网上分秒必争，尽可能收到最大的效果；其教材也要做到经济应用，减免网上使用费，以减轻学生的经济负担。只有如此，思想政治教育电子教材才能被网络用户青睐，并在网上得到广泛传播，达到良好的网上思想政治教育的效果。

最后，要加强思想政治教育工作者信息技术培训，使他们既能精通思想政治教育工作又能掌握和运用现代信息技术。我们必须抓好计算机应用基础知识在思想政治教育工作者中的普及工作，以便日后他们能在思想政治教育中开展计算机辅助教学。我们还必须抓好思想政治教育工作者进行软件开发的工作。目前，市场上思想政治教育软件奇缺的一个重要原因是缺乏开发思想政治教育软件的人才，虽然我国有许多专门从事软件开发的人员，但他们往往都不熟悉高校思想政治教育工作的内容及其规律，而熟悉高校思想教育工作内容和规律的人又缺乏软件开发的能力。

因此，我们急需培养一批跨学科的思想政治教育软件开发人才，使他们既精通高校思想政治教育工作，又精通软件开发，以确保今后我国思想政治教育软件开发的数量和质量。

3. 必须优化思想政治教育的育人环境

一个学校的教育环境改善如何，对于教育效能的发挥，往往起着至关重要的作用。因此我们要特别注意采取必要的措施，从各方面不断优化思想政治教育环境。

第一，加强校风、学风建设，创造良好的育人环境。团结、勤奋、求实、创新的良好校风，以及刻苦钻研，勇攀高峰的深厚学风，会使学生在不知不觉中受到教育和熏陶，也能促使整个学校师生保持积极进取的精神状态和良好的精神风貌，这是思想政治教育不可缺少的环境条件。

第二，形成"二全局面"。即全方位思想政治教育格局，全员思想政治教育意识。思想政治教育不仅是政工干部的事，而且是全体教职员工的事，要做到教书育人、管理育人和服务育人。必须明确党委是学校思想政治教育工作的领导核心，应该真正建立和强化校长及行政系统的思想政治教育管理职能，成立校长负责、有关党政领导和相关部门负责人参加思想政治工作指导委员会，负责协调思想政治工作。

第三，活跃校园文化，营造健康向上的氛围。丰富多彩的校园文化活动不但陶冶了学生的情操，锻炼了学生的能力，更让学生在活动中受教育。每年开展的"寝室文化节"、大学生手工制作大赛、辩论赛社团文化艺术节等活动，都是非常有意义的教育形式，我们要予以高度重视。校园文化要以爱国主义为主旋律，精心设计载体，让健康、高雅、生动、活泼的校园文化活动占领校园文化阵地，坚决抵制腐朽、消极文化的渗透和影响，为学校的思想政治教育工作创造良好的文化氛围。

第四，思想政治工作不单是学校的事，也是全社会和家庭的事。高校作为整个社会的一个组成部分，既不可避免地受到整个社会大环境的影响，同时也对社会大环境产生独特的影响作用。一方面要适应社会大环境。改革开放给思想政治教育工作的发展带来巨大的推动力，它要求思想政治工作者大胆探索，勇于实践，把环境的外推力化为内驱力，去发展和完善自己，也要求思想政治工作者在大环境中找准自己的位置，服从和服务于经济建设的这个中心。另一方面，社会和家庭要保持和学校教育的一致性，形成合力，为教育学生、创造良好的外部环境。学校形成优良的学风，营造积极向上的校园文化氛围，建设优美校园环境，而这些环境会陶冶学生热爱集体、刻苦学习、团结互助、文明健康的情操和审美意识，从而激发学生爱国主义和为我国现代化建设事业出力的热情。由此可见，良好的学校小环境可以净化社会在环境，这也正是思想政治教育有效性的体现。

4. 必须加强大学生心理健康教育

客观形势要求新时期思想政治教育工作必须加强学生心理健康教育，如果不去了解学生的心理，就无法去做好学生的思想教育工作，更难以引导大学生健康地成长，因此要加快实施大学生心理健康教育的步伐。

第一，建立和完善心理健康教育的组织机构（大学生心理健康教育中心），配备专职人员，负责统筹安排和组织实施全校心理健康教育的各项工作，完成日常咨询任务，组织一支以专职人员为主导、兼职相结合的师资队伍。

第二，开展大学生心理健康的普查工作，通过科学，规范心理测试建立学生个人心理档案，从新生进校的第一学期抓起，把有问题的新生找出来，跟踪辅导，力求避免学生出问题。

第三，面向全校学生开展心理卫生知识普及教育活动，如开设有关心理学的辅修课程，举办心理健康教育的系列专题讲座，组织简报、专栏等形式，利用报刊、广播、有线电视、计算机校园网络等媒介进行广泛宣传，形成良好的心理健康教育氛围。

第四，积极开展心理咨询工作，心理咨询本身具有预防、治疗、教育和发展的功能，它对于促进学生形成健康心理，完善和发展自己具有重要作用。为此我们可以通过设立心理咨询中心，开通心理热线电话和咨询信箱、设置心理健康门诊等办法来实现，从而为学生排忧解难。

第五，加强从事心理健康教育工作者的培训工作，提高自身素质。我国高校现有心理健康教育工作人员不足，而且大多数是思想政治工作者，专职咨询人员很少。而心理咨询工作是高度专业化的工作，它需要扎实的专业基础、丰富的知识和娴熟的技术。如果一个心理咨询人员在投入咨询工作之前，以心理咨询工作的基本内容、依据、技巧和方法缺乏最基本的了解，那么他将无法开展心理咨询工作。因此必须加快心理咨询人员的培训，建立一支高水平的心理健康教育工作队伍。

5.必须建设一支稳定的高素质的思想政治教育工作队伍

一是思想政治教育工作者要注重提高自身素质，一方面要努力提高自己的学识和知识水平，不仅要掌握马列主义、毛泽东思想、邓小平理论、"三个代表"重要思想、科学发展观、习近平新时代中国特色社会主义思想，还要掌握现代科学文化技术；不仅要通晓思想政治教育理论知识，还要扩大知识面，熟谙心理学、社会学、美学、伦理学、法学、教育学、领导科学等有关知识，形成多棱角的知识结构。另一方面，要追求人格的高尚，为人师表就是一种人格力量，有了这种力量，在被教育者面前每说一句话就能释放很大的能量，有时即使不说话也拥有无声的感召力和影响力。用自身的人格力量去感染人、教育人，是思想政治教育工作取得事半功倍效果的关键所在。二是建立良性运行机制，逐步形成专职思想政治教育工作者择优输入，按需培养和分流的良性运行机制。着眼于提高素质、为政工干部提供更多的学习深造和实践的机会，努力培养一批思想政治教育的专家；着眼于稳定队伍，要采取必要的倾斜政策和措施，提高政工人员的地位和待遇，切实解决这支队伍面临的诸如职称评定、住房分配等实际问题。三是学生骨干队伍，学生干部队伍在学生思想政治教育中发挥了桥梁和中坚作用。通过加强学生干部队伍建设，不仅能达到学生自我教育、自我管理、自我服务的目的，而且在学生的领导能力、组织能力、协调能力、决策能力等培养方面使学生得到锻炼提高，是培养学生创造能力的一种有效途径。

第三节　思想政治教育创新的意义

加强和改进大学生思想政治教育，事关广大大学生的健康成长，事关国家和民族的前途与命运，是一项基础工程、民心工程、希望工程和社会工程，影响深远，意义重大。

一、符合国际国内形势变化发展的需要

进入 21 世纪以来，经济全球化浪潮发展迅猛，我国继续处于重大转型

过程之中，互联网等现代科技手段日益深入社会生活中，由此形成和带来的一系列社会思潮、思想观念、行为方式等，对高校和谐校园建设提出了新的挑战。为了有效地应对这一挑战，需要高校思想政治教育的创新。

首先，从国际形势的发展来看，我国面临的"西化""分化"以及和平演变压力从未弱化，我国高校也遭遇了由点到面、由浅入深、由明到暗等多方面的渗透。这种持续不断的渗透，在一定程度上既扰乱了大学生的思想，又影响了学校的稳定，进而波及社会的发展和稳定。认真做好广大师生员工的思想政治教育工作，深入持久地开展爱国主义、集体主义和社会主义教育，提高其政治鉴别力和对各种腐朽思想的免疫力，筑起大学生牢固的思想长城，需要高校思想政治教育的创新。

其次，通过对世界各国各地区的教育研究发现，在任何一个西方国家内都不存在"政治淡化"的事实。与此相反，在对西方价值观的宣传和灌输上，它们旗帜鲜明、不遗余力，是不会放过一切可以利用的宣传场合和机会的。其政府还通过立法、财政拨款、扶持中介组织等手段，来进一步深入研究有效推广价值观的方法，再加上学校、家庭、社团和传媒的广泛参与，使价值观教育具有极强的隐蔽性、渗透性和有效性。不仅如此，西方国家还十分注重联系社会实际，通过统一价值观来实现政治上的步调一致，巩固其核心价值的主导地位；在个人价值、社会价值以及与国家民族的关系上，个人的生存与发展始终被置于为国家民族"服务"之后。西方价值观教育模式的强大功能，既使我们清醒，也使我们深思，更要求我国高校的思想政治教育工作以高度的紧迫感和责任感，通过理论和方法的创新，毫不动摇和切实有效地维护社会主义核心价值体系，为和谐校园的构建提供不可或缺的思想保证。

最后，从高等教育发展的现状来看，高校思想政治教育的创新也是迫在眉睫。随着我国高等教育的迅猛发展，高等院校在我国经济社会发展中的地位日益突出，有着不可忽视的社会作用和影响力。高等院校是人才资源的宝库，是孕育新思想、新知识、新科技的重要园地，是社会创造活力的重要源泉，是发展先进生产力和先进文化的重要力量，是构建社会主义和谐社会的生力军。从影响来看，高校是思想文化最活跃、知识信息最密集的地方，高校学生涉及千家万户，家长时刻关心，社会普遍关切，海内外都非常关注，对社会的和谐稳定有着重要影响。可以说，没有高校的和谐，就难以有整个社会的和谐，这既给高校思想政治教育创新提出了新要求，也给高校思想政治教育创新提供了广阔的舞台。

加强和改进大学生思想政治教育是关系国家前途和民族命运，确保中国特色社会主义事业兴旺发达的"希望工程"。一个有远见的民族，总是把关注的目光投向青年；一个有远见的政党，总是把青年看作推动历史发展和社会前进的重要力量。大学生是青年中的优秀分子，是十分宝贵的人才资源。他们的思想道德素质、科学文化素质和健康素质如何，直接关系到党和国家的生死存亡，关系到中国特色社会主义事业的兴衰成败，关系到全面小康社会和中华民族伟大复兴的目标的实现。我们曾有过因忽略和放松大学生思想政治教育而导致党和国家事业受到严重影响的深刻教训。历史和现实昭示，帮助大学生树立正确的世界观、人生观和价值观，确立中国特色社会主义的理想信念，是保证中国特色社会主义事业长治久安、实现中华民族伟大复兴的希望所在，是关系国家前途和民族命运，确保中国特色社会主义事业兴旺发达的"希望工程"。

二、符合高校思想政治教育跟随时代进步创新的需要

由于我国正处于深刻的社会转型时期，再加上经济全球化和信息网络化的冲击，在高校思想政治教育领域内，内容的丰富与形式的改进不够充分、思想政治教育的地位尚未达到应有高度、思想政治教育的主导价值观受到挑战、思想政治教育的合力缺失与发展滞后等问题明显。若不与时俱进地对这

些问题加以解决，高校思想政治教育一方面会越来越缺乏说服力，另一方面也会失去应有的地位和作用。要解决这一系列问题，增强高校思想政治教育的适应性、针对性、实效性，强化高校思想政治教育的地位，有效地推进和谐校园构建工作，就必须进行高校思想政治教育的创新。

高校思想政治教育的创新，是在深入研究其面临的新情况的基础上，从更新高校思想政治教育的观念、充实高校思想政治教育的内容、改进高校思想政治教育的方法、强化高校思想政治教育的机制入手，实施全方位创新。只有进行这样的创新，方能使高校思想政治教育适应形势，深入人心，发挥作用，显示威力；才能使高校思想政治教育真正保持旺盛的生机和活力，肩负起自己的职责和使命，并在为和谐校园的构建做出积极贡献的基础上，巩固和强化自己的地位。

时代变迁和社会的发展，提出了构建和谐校园的新要求；要实现这一目标，必须要紧紧抓住用马克思主义中国化的最新成果武装头脑这个首要任务，抓住加强和改进思想政治教育这个基础，抓住心理健康教育、塑造良好心态这个重要环节，抓住校园文化这个重要载体，抓住高校发展这个主题，抓住队伍建设这个关键。只有抓好了这些工作，才能抓住和谐校园建设的关键。

要在坚持传统思想政治教育内容精华的基础上，紧跟时代步伐，密切联系经济与社会发展，以科学发展观为指导，结合大学生的思想实际和全面发展的要求，吸纳大量符合时代要求的新材料、新内容，将马克思主义中国化的最新成果融入思想政治教育体系中，推进高校思想政治教育的新经验、新方法，确立社会主义核心价值体系的主导地位，理顺心态，促进优良教风、学风和校风的形成，最终完成构建和谐校园这一历史使命。

实际上，高校思想政治教育的创新，就是通过将符合时代要求和更加丰富的内容充实到高校思想政治教育过程中来体现的。没有新材料、新内容的高校思想政治教育是缺乏时代感、僵化的和不具备说服力的。只有在大量鲜活的材料被引入高校思想政治教育领域的情况下，高校思想政治教育才会因自身所具备的强烈时代感和震撼力，而增强自身的说服力，高校思想政治教育的创新在促进高校思想政治教育内容创新的同时，还必然要求改进高校思想政治教育的方法。高校思想政治教育方法的创新是高校思想政治教育创新的重要组成部分，也是加强和改进高校思想政治教育的有效支撑。

新形势下的高校思想政治教育，若不能自觉地把马克思主义的立场、观点、方法与时代特征相结合，在继承和发扬高校思想政治教育优良传统的同时，努力探索高校思想政治教育的新途径、新手段和新载体，就不能在信息社会里利用一切先进技术手段，创新工作方法，增加思想政治教育的科技含量，抢占信息传播的制高点，掌握网络思想政治教育的主动权；就不能激发大学生的学习热情，营造民主开明的教育氛围，寓灌输教育于引导和渗透之中，帮助大学生自觉、愉悦地接受科学理论和先进思想；就不能在实施教育的过程中有效注入真情实感，以人为本，从大学生的实际需要出发，解决思想问题，有效发挥思想政治教育的强大功能。

高校思想政治教育创新的目的，就在于根据时代的变化和社会发展的要求，破除陈规的束缚，解放思想，与时俱进，博采众长，通过思想政治教育内容和方法的创新，大力增强思想政治教育的效果，为和谐校园的构建提供强大的精神动力和方向保证。

但是，在高等院校进一步扩大对外开放的形势下，如何去有效应对通过各种显性或隐性渠道进入我国的西方价值观念，抨击各种腐败现象，维护马克思主义的崇高信仰，给高校思想政治教育提出了更高要求；整合高校各领域资源，有效发挥高校思想政治教育的合力，完善思想政治教育的教材体系，增强高校思想政治教育理论课的实效性等，皆是高校思想政治教育创新所要解决的紧迫任务。不解决好这些问题，就不能加强和改进高校思想政治教育，不能全面提升高校思想政治教育的效果。通过构建和谐，创新校园高校思想政治教育，针对不同的教育对象，充实与时俱进的丰富教育内容，采用形式多样的为广大受教育者喜闻乐见的教育方法，完善各项更为人性化的保障措施，进而实现对思想政治教育效果的提升，就成为一件水到渠成的事情。

三、有利于高校教育质量的提高

高校思想政治教育的创新，目的在于通过促进和谐校园的构建而实现人的自由全面发展。而人的现代化是人的自由全面发展的必经阶段，人的自由全面发展则是人的现代化的最终目的和必然结果。处在社会转型时期的当代中国，迫切需要大量实现了现代化转型的人才。所谓人的现代化，是指人的现代特性发生、发展的现实活动，是一个由传统人向现代人的转变过程，它包括人的观念、道德、智能、生活方式从传统向现代的转变等方面。作为现代化的人，应具有与时代相适应的道德理想、价值观念、民主法制观念、权利义务观念、效率观念、全局观念和信息观念等现代化思想观念，具有现代科学文化知识、伦理道德修养、生活行为方式、身体与心理素质等。其中，思想道德素质在人的素质结构中居于核心地位，对人的素质状况起着决定作用，并成为衡量人的素质状况的根本性标志和促进入自由全面发展的重要途径。

（一）有利于提高大学生的思想道德素质

高校思想政治教育的创新，一方面，是在不断根据社会发展和受教育者的思想实际，充实思想政治教育内容，改进思想政治教育方法的情形下，以受教育者喜闻乐见的生动形式，让受教育者学习和掌握与时俱进的马克思主义理论，树立正确的世界观、人生观、价值观，正确处理人与人、人与社会以及人与自然的关系；树立远大理想，坚定对马克思主义的信仰和对社会主义的信念，以高尚的情操、不屈不挠的品格和勇于奉献的精神，承担起庄严的社会责任和实现中华民族伟大复兴的历史使命。

另一方面，高校思想政治教育的创新，又在坚持育人为本、德育为先、立德树人理念的基础上，着眼于培养受教育者的独立人格和敢于承担社会责任的道德品质，促进受教育者创新精神和创新能力的发挥。当高校思想政治教育的创新紧紧围绕着上述两个方面展开并取得成效的时候，大学生的思想道德素质的提升就有了一个可靠的保障。

（二）有利于促进大学生健康人格的完善

良好的心态，健康的人格，是身心健康的重要标志，是大学生获取全面发展的基础，也是社会和谐的基本条件。现代社会不断加快的节奏和持续加剧的竞争，一方面能够激发大学生勤奋学习、奋发进取的精神，另一方面也使大学生面临更大的学习、生活和就业压力，并导致越来越多的心理困惑、心理障碍以至情绪失控等问题的产生。当代大学生的构成比较复杂，有的在优越的环境中长大，有的家境则比较贫寒，有的抗挫折能力较差，有的自卑心理较重，容易出现这样和那样的问题。促进大学生人格的和谐与心理的健康，是高校思想政治教育创新的主要关注点之一。

构建和谐校园高校思想政治教育的创新要始终立足于帮助受教育者树立崇高的理想，确立正确的世界观、人生观、价值观，促进大学生人格的完善。远大理想是人们向往并为之奋斗的崇高目标，是引导人们走向未来的旗帜，也是鼓舞人们奋发向上的精神力量。心理研究表明，目标在大脑中能够形成一个强兴奋区，它能激发热情，为意志输送力量。当大学生为思想政治教育的缜密理论所折服、为思想政治教育的客观公正性而动容的时候，客观、公平、公正的思想便能够深入大学生心中，并成为大学生和谐人格的重要构成部分。很难想象，一个缺失客观公正性的高校思想政治教育活动能够取得成功。

加强和改进大学生思想政治教育，是推进素质教育、引导学生全面成长的"基础工程"。伴随着改革开放和中国社会主义现代化建设进程的推进，大学生在思想、政治、学业等方面的进步明显，成才愿望强烈。一个人的成长和成才，既有赖于其自身的智力因素，同时也有赖于其自身其他因素如思想政治素质方面的因素。高素质人才，既要有较高的科学文化素质，健康的身体素质和心理素质，更要有良好的思想政治素质。思想政治素质作为大学生最重要的素质，对其健康成长和全面发展起着不容忽视的决定作用。大学阶段是人生发展的重要时期，是世界观、人生观、价值观形成的关键时期。在这一时期，大学生在人格上将逐步完成从青少年向成年人的过渡和转变，将逐步确立自我，摆脱对家庭和父母的依赖。对于大学生来说，完成这一人生途中的重要转变并不是一帆风顺的，他们在成长过程中难免会遇到各种困难和矛盾，产生各种困惑和问题，这些问题从根本上讲是世界观、人生观、价值观的形成与确立问题。因此，大学生对思想政治教育，对学习如何做人有强烈的内在需求。这种内在需求是加强大学生思想政治教育最重要的基础。加强素质教育，最重要的是要加强和改进大学生思想政治教育。只有把大学生思想政治教育这项"基础工程"抓好，素质教育才能真正落实，学生全面成长的目标才能实现。

（三）有利于加强大学生的创新精神

创新是一个民族进步的灵魂，也是一个国家兴旺发达的不竭动力。创新是时代的呼唤，也是时代给大学生提出的更高要求。大学生要取得学习上的进步、心理素质的提高、自我潜能的充分发挥，要获取符合时代要求的创新能力，就必须具备创新精神和创新能力。高校思想政治教育的创新对大学生创新精神的促进，是通过培养大学生的创造性品格素质而实现的。

首先，高校思想政治教育通过不断的创新，以时代精神引领大学生始终保持自强不息、昂扬向上、奋发有为、开拓进取的精神状况，树立为中华民族的伟大复兴而献身的崇高理想和信念，为大学生实现自己的理想、不畏艰险、冲破思想束缚提供强大精神动力。高校思想政治教育的创新，正是通过进取精神的培养，使大学生勇于发现真理、坚持真理、捍卫真理，进而取得可贵的创造性成果。

其次，高校思想政治教育能够通过不断地创新，培养大学生创新精神中不可或缺的坚强意志。人的创造力的发挥是以艰苦的劳动和严谨的工作为基础的。大学生要想前人之未曾想、说前人之未曾说、干前人之未曾干的事，只有不畏困难、坚持不懈、百折不回，才能取得成功。高校思想政治教育的创新，就是要在新的历史时期，让大学生更加明白人生的价值在于创造，个人的价值体现在他所创造的社会价值中，没有创造的人生是失去意义的人生。以此为基础，激励大学生克服困难、积极进取、努力创造，在顽强意志的支撑下，在持久创造的过程中，取得不断进步，创造更加崇高的人生价值。

最后，高校思想政治教育能够以不断的创新，引导大学生把为实现中华民族伟大复兴的崇高理想与自己人生价值的实现结合起来，激发大学生热爱自己的专业，对事业充满激情。创造离不开兴趣，更需要激情。兴趣出自对事业的热爱，只有激发大学生热爱大自然、热爱生活、热爱学习、热爱专业，对事业的前途充满信心，才能激发他们以满腔热忱去探索、去发明、去创造。激情则是一种在文学艺术创作和科学技术创造中不可或缺的情感。

高校思想政治教育的创新，就是要在教育过程中，全面展示以改革创新为核心的时代风貌，深刻揭示中华民族自强不息、发展壮大的根本原因和与时俱进、开拓进取的力量源泉，培养大学生以浓厚的兴趣、昂扬的激情、开拓的勇气以及强烈的自信，以创造性的劳动去实现自己人生价值的最大化。毫无疑问，高校思想政治教育的创新对大学生创新精神的培养，有着不可替代的作用。

（四）有利于促进高校"三风"建设

高校思想政治教育的创新，力求全方位推进从办学理念到教学科研环境、教学管理体制、校园文化氛围以及人才素质结构等方面之间的和谐。这一目标的实现，与高校能否建立良好的校风、教风、学风有着紧密的联系。只有建立优良的校风、教风、学风，才能提高高等教育质量。

校风、教风、学风是大学精神和大学文化的集中体现，是办学理念、办学特色、办学目标的具体反映。校风是总揽，是教风和学风的综合反映；教风是关键，影响校风，引领学风；学风是基础，推动校风，促进学风。"三风"构成一个相互联系、相互影响、相互促进的统一体，共同决定着高等教育的质量，影响着高校的改革发展和前途命运。

从一定意义上讲，高校思想政治教育的创新，就是要保障和促进"三风"建设。首先，高校思想政治教育的创新，要立足于提高教学双方的政治素质，用马克思主义中国化的最新成果占领高校阵地，在既尊重差异、包容多样，又有力抵御各种错误思潮的基础上，保证高校始终坚持正确的办学方向；大力开展师德建设，进一步培养教师爱岗敬业、教书育人的高尚精神；使师生双方对中国特色社会主义事业都充满信心，并保持一种为中华民族的伟大复兴而努力工作和学习的朝气、锐气，使奋发有为的作风成为校园文化的主流。

高校思想政治教育的创新，要特别关注当代大学生的情感需求，要在注重平等和相互尊重的基础上，以理服人、以情动人，引导大学生克服各种不良心理因素，培养大学生顽强的毅力和拼搏精神，不畏学习和前进道路上的一切艰难险阻，成为在德、智、体、美、劳等方面都取得全面发展的人才，为良好学风的形成奠定坚实的基础。高校思想政治教育的创新，还要充分吸取中西方文化的精华，根据时代发展的要求，既鼓励和保护自强不息的竞争精神，又提倡和开展积极的相互合作，营造和谐的人际关系，提升每个人的自信心，理顺情绪，合理规划未来的发展方向，使校园内处处洋溢着一种与时代发展相符的和谐氛围，促进优良校风的形成。

高校思想政治教育的创新要以建立和完善与时俱进的评价机制和保障体系为依托，通过树立先进典型，加强高校党风建设，加强高校思想政治教育队伍建设,实施以人为本的规范化管理,为"三风"建设提供更加可靠的保障。

总之,加强和改进大学生思想政治教育是需要学校、家庭和社会密切配合,需要全社会大力支持的"社会工程"。任何成功的教育都是综合各种因素形成的,任何失败的教育有可能是因为一个因素的缺失造成的恶果。大学生思想政治教育的成功,需要有家庭、学校和社会的密切配合、齐抓共管,其中任何一个因素出现大问题都会导致教育失败。高等学校是开展大学生思想政治教育的主阵地,思想政治理论课是大学生思想政治教育的主渠道,哲学社会科学课程负有思想政治教育的重要职责,其他各门课程也都具有育人功能,所有教师都负有育人职责。要把思想政治教育融入到大学生专业学习的各个环节,渗透到教学、科研和社会服务各个方面,贯穿教育教学的全过程。同时,全社会都要关心大学生的健康成长,支持大学生思想政治教育工作。宣传、理论、新闻、文艺、出版等方面要坚持弘扬主旋律,为大学生思想政治教育营造良好的社会舆论氛围,为大学生提供丰富的精神食粮。党政机关、社会团体、企事业单位以及街道、社区、村镇等要主动配合做好大学生思想政治教育工作。学校要探索建立与大学生家庭联系沟通的机制,相互配合对学生进行思想政治教育。

第三章 传统文化融入高校思想政治教育创新

第一节 中国传统文化融入大学生思想政治教育的意义

"传统是人类行为、思想和想象的产物，并且代代相传。"传统文化是指汇集一个民族文化，反映民族特质和风貌并流传下来的民族各历史发展阶段的思想文化、观念形态的文化。所谓中华优秀传统文化，是指中华民族发展历史上不断流传下来的独具民族精华、精神及气魄的共同精神和价值内涵，起着积极作用，并能够促进社会进步和民族发展。

一、中国传统文化融入大学生思想政治教育，培育新时代"四有"新人

"有理想"。当代大学生在实践过程中形成对未来社会和自身发展的美好向往和追求，对未来的憧憬，期盼着能够满足自身发展的物质和精神的需求，亦是前进的动力源泉。从社会层面上而言，孔子的理想世界是出自《礼记·礼运》的"大同世界"，没有战争的和平天下，人与人之间没有欺骗，彼此以诚相待，互相爱护。从个人层面上而言，大学生的理想是每个人的人生追求，大学生要有儒家成贤成圣的理想抱负和人生情怀。高素质德才兼备大学生的个人理想是社会理想实现的基石。

"有道德"。中国古代圣贤主张"德治天下""辅以仁政"，重视伦理道德

品质的教育和自我修养的提升。当代大学生在成长的过程中不断认识自己、认识世界，通过完善自己及构建相对稳定的人生观、价值观、世界观，从而塑造具有个人特质的人格、信念、志向、情趣、道德。一个人无法脱离社会现实世界而独立存在，正如马克思所指出："人的本质并不是单个人所固有的抽象物。在其现实性上，它是一切社会关系的总和。"所以透过一个人的行为举止言谈，可窥探在这个人所生活的局部世界的面貌，每个人是否履行社会职责，是否遵守伦理道德规范，是否坚守内心的道德底线，可清晰地反映出这个人的道德素质。当代大学生需要社会这个大环境来锤炼道德品质，提升道德素质，首先需要汲取中国传统文化中伦理道德文化的精髓，将道德内化于心，共创具有中国特色社会主义的美丽中国。

"有文化"。中国古代文明从古至今世代相传，不同时代我们通过不同渠道传播优秀传统文化，将优秀传统文化根植于内心，约束自己行为，真心实意地为别人着想的内心修养。学习专研古代经典典籍，汲取优秀传统文化的积极内容，为当代大学生树立高度的文化自信，奠定良好的文化基础。《周易大象传》中"天行健,君子以自强不息;地势坤,君子以厚德载物"。引用"自强不息"鼓励大学生勤恳做学术、踏实做学问;"厚德载物"要求大学生践行古老文明"有容乃大"的胸怀，修行君子的品德，没有文化的积累是无法将道德品质内化于心的。正如习总书记在十九大报告中所说："文化是一个国家、一个民族的灵魂。文化兴国运兴，文化强民族强。没有高度的文化自信，没有文化的繁荣兴盛，就没有中华民族伟大复兴。"传统文化孕育了中华民族 5000 多年的文明，作为新时代的接班人，我们肩负将古老文明代代相传的使命。

"有纪律"。纪律即人们的行为规则，中国传统文化中规则即是"礼"，是一种社会意识观念，古老文明中"礼仪之邦"的"礼仪"是指人们日常生活的行为规范。纪律是人们长期的共同生活中所共同遵守的行为规范，"礼"

作为规范，要求当代大学生尊"礼"，以此来约束自己的行为，规范自己的行为。中国传统文化融入思想政治理论课中，让道德规范更好地发挥作用。孟子曰："离娄之明，公输子之巧，不以规矩，不能成方圆。"做任何事情若无规则，则一事无成，当代大学生必须明确道德约束行为，切记不可偏离人生轨道，共建和谐美丽的中国。

对当代大学生进行中国优秀传统文化教育，把大学生培养成"有理想、有道德、有文化、有纪律"的"四有"新人，更好地弘扬中国优秀传统文化。高等教育思想政治理论课是以马克思主义理论为指导，对大学生理想信念道德进行爱国主义教育、法律意识教育、思想道德修养教育、中国近代史教育，建立哲学思维体系，引导大学生完善自我人格道德修养，培养大学生辩证看待传统文化的思想精髓，提升大学生创新能力，培养与时代相契合的大学生。

二、中国传统文化融入大学生思想政治教育的意义

中国历朝历代都非常重视教育，这也是中华民族五千多年灿烂文明得以延续发展的依托，在教育的漫长发展过程中，形成了与每个时代独具特色的教育模式和教育理念，也呈现了一批批伟大的教育学家和思想家，他们将丰富的教育经验应用到实践中，使受教育者受益匪浅，并将优秀文化代代传承下来。当今的教育是传统文化的继承和发扬，培养什么样的大学生、怎样培养大学生，是高校开展思想政治教育理论课的重大课题。

有利于完善大学生自我人格道德修养，为社会缔造栋梁之材。儒家讲求修身为先，方能实现齐家治国平天下之愿景，从孔子、孟子直至朱熹理学，都将"做人"以及"仁爱"之心放在首位，这个世界不是坐拥财富和权势而珍贵，而是因你拥有内心高尚的道德品质及精神而珍贵。教育无论是古代的中国还是现代的中国都是治国安民的首要，对于个人而言，个人思想是否与社会主流思想相一致，是人本身适应社会，被社会所容纳的根本；对社会而

言，与社会和国家发展方向相一致，是促进社会发展进步的"小细胞"。知识孕育着无穷的力量，也是文化力量的延续，当代大学生在课堂是受教育的主体，思想政治教育理论课是传授的载体，与时代发展相结合，是当代中国高等学校教育的宝贵资源。

有利于提升大学生的创新性思维能力，为社会发展提供不竭动力。创新是发展的灵魂，世界呈现多元化、多极化发展，面对全球竞争的激烈化，大学生肩负着不可推卸的社会责任，将自己所学的文化知识转化成动力，激发大学生自主学习潜能，发挥大学生的创新性和主动性，这也正是思想政治教育理论课教育的实质。古人云："疑乃觉悟之机，小疑则小悟，大疑则大悟，不疑则不悟。"大学生通过开设课程学习理论知识的同时需要有怀疑的精神，辩证地看待事物的发展，汲取传统文化中积极部分，结合现时需要，建立创造性思维，打破原有模式，在发展中创新，从而更好地将我国优秀传统文化推向世界。我们文化自信的资本是博大精深、灿烂辉煌的中华民族优秀传统文化，传统文化中优秀的因子，与现代教育的契合，使得大学生更好地实现创新能力，为实现中华民族的伟大梦想"中国梦"而努力，这不仅是当代大学生思想政治教育理论课的新内容，也是中国人共同的追求。

以中国优秀传统文化为核心的思想政治教育理论课，我们将积极和精华应用在教学中，以大学生为主体，传承并发扬传统文化的基本精神。"中华文化源远流长，积淀着中华民族最深层的精神追求，代表着中华民族独特的精神标识，为中华民族生生不息、发展壮大提供了丰厚滋养。"中国优秀传统文化与思想政治教育有机融合是学科建设的重大创新，文化有支撑理论的功能，也符合思想政治教育理论课的内在需要，提升大学生道德素质，彰显思想政治教育的人文关怀和人文价值，最终实现人的全面而自由的发展。

第二节　中国传统文化与大学生思想政治教育的关系

大学生是国家宝贵的人才资源，是民族的希望、祖国的未来。要使大学生成为中国特色社会主义事业的合格建设者和可靠接班人，不仅要大力提高他们的科学文化素质，更要大力提高他们的思想政治素质。

由此不难看出，高校在注重培养大学生文化修养的同时，更要加强对他们的思想政治教育。尤其是改革开放以来，面对经济全球化、文化多元化的冲击，很多大学生在思想意识领域存在认知偏差——价值取向、行为方式、思维模式等都发生了巨大改变，以"自我"为中心，理想信念薄弱，价值取向偏移，道德规范自制力差，优秀的先秦儒家文化精神在大学生群体中集体缺失。鉴于以上问题，有必要从多个方面和渠道纠正大学生的错误认识，帮助他们树立正确的价值观和人生观，进一步确保高校思想政治教育工作的实效性。

一、大学生思想中普遍缺失先秦儒家文化精神

在市场经济迅速发展的今天，当代大学生拥有优越的物质生活条件，这使他们在价值观和生活方式上有多种选择，同时也制约着他们的成长。正是这种现代生活方式的影响，导致先秦儒家文化在他们的观念中逐渐弱化，大多数大学生对于先秦儒家文化的认识和理解仅仅是粗浅的、片面的。

首先，当代大学生由于受各种社会思潮、负面信息和宽松言论环境的影响，他们过分强调自我价值的实现，团结合作意识差，缺乏社会责任感。更有一些大学生由于独生子女的优势对自我过分关注，甚至以自我为中心，对父母、他人、社会的要求高而多，权利意识强而义务感、责任感弱。大学生

犯罪的事件频频发生，他们的极端做法反映出当代大学生不懂得如何处理与同学、教师之间的关系，他们总是站在利己主义的立场上看问题、做事情，从不考虑自己是社会大家庭的一员，需要承担相应的责任与义务。

其次，随着社会主义市场经济改革的深入，大学生的价值观取向较以往发生明显变化，越来越多的大学生在社会本位与个人本位的价值冲突中，倾向于选择后者，即个人本位，这也成为他们为人处世的重要原则。而这种个人本位的价值观核心是个人主义，强调个人的利益，以个人的自我追求为中心。所以，像大公无私、乐于助人这类优良品质在当代大学生身上体现得越来越少。在很多情况下，他们讲付出，更讲回报；在义利观上，虽然有很多学生认同"君子言义不言利"，但在实际行为中，他们还是透露着"义利统一"的价值选择，更有少数学生见利忘义，甚至为金钱失去做人的基本底线；在理想和现实的关系上，大学生更加关注现实，讲求实效，注重实利。

再次，由于应试教育的弊端和受社会不良风气的影响，大学生群体中存在着严重的诚信缺失现象。比如，恶意拖欠学费、用虚假材料骗取助学金、考试作弊、剽窃论文、伪造个人简历、篡改成绩单、擅自违约等。

最后，由于社会因素和个人因素的影响，大学生在心理健康方面出现了许多问题，比如，大学新生入学以后，面对新的学习生活环境，独立自主性差，容易产生理想与现实的心理失衡，出现失落、焦虑、紧张等心理状况；部分大学生不能正确处理与教师、同学之间的关系，造成人际关系紧张，长此以往势必影响专业学习，甚至引发对教师、同学的敌视和报复心理；也有一些大学生心理承受能力较弱，抗挫抗压能力较差，在困难和挫折面前，容易出现焦虑、烦躁、痛苦等不良心理问题。

二、先秦儒家文化蕴含的思想政治教育内容

先秦儒家文化作为中国传统文化的重要组成部分，经过几千年的继承与

发展，已经形成中国文化的基本精神，将之作为优秀的教育资源，融入当前大学生思想政治教育工作中，有着重要和深远的现实意义。

（一）"天下兴亡，匹夫有责"的爱国主义精神和历史使命感

国学大师季羡林在《沧桑阅尽话爱国》一文中提到"中华文化的精髓何在？我自己的看法是有两点：一个是爱国主义，一个是讲骨气、讲气节，这两点别国不能说没有，但是中国最为突出，历史也最长"。由此不难看出，爱国主义自始至终都是贯穿中华民族兴衰的历史长河之中，激励着一代又一代人为国家的发展壮大殚精竭虑，甚至献出宝贵的生命。

孟子曾说，爱国乃"人之大伦也"；岳飞在抗金洪流中的"精忠报国"的高尚情怀；文天祥面对敌人时的"留取丹心照汗青"的坚毅品格；范仲淹考虑民族大义时的"先天下之忧而忧，后天下之乐而乐"的忧思之情；林则徐阻击外国列强时的"苟利国家生死以，岂因祸福避趋之"的铮铮铁骨；周恩来在民族生死存亡时的"为中华之崛起而读书"的鸿鹄之志，所有这些都体现着中华儿女的爱国主义精神。

在新的历史时期，高校思想政治教育要适时增加这种爱国主义教育，使由这种爱国主义而产生的凝聚力、向心力潜移默化地浸润学生心田，让大学生在为自己的未来努力奋斗之余，时刻不忘国家的命运与自己的发展有着紧密联系，自觉将自己的思想和行为比照先人前辈，以全新的方式演绎这种民族精神。

（二）"刚健有为、自强不息"的积极进取精神

学者张岱年在概括中国传统文化的基本精神时，曾借用《周易》里的两句话来表达，即"'刚健有为''自强不息'"。而这两句话则是先秦儒家文化智慧的结晶，旨在鼓励人们在人生的道路上要有一种奋发有为、自强进取的拼搏精神，这对于加强青年大学生的理想信念教育、树立正确科学的人生观具有一定的引导和启迪作用。

其实，先秦儒家文化经典中类似这样的话语，比比皆是。《礼记·大学》讲"苟日新，日日新，又日新"；《周易·系辞下》上说："易，穷则变，变则通，通则久。"又说："刚健笃实辉光，日新其德。"孔子说："三军可夺帅也，匹夫不可夺志也""士不可以不弘毅，任重而道远"。《论语》中也指出，"发愤忘食，乐以忘忧，不知老之将至云尔"。《孟子·告子下》说："天将降大任于斯人也，必先苦其心志，劳其筋骨，饿其体肤，空乏其身，行拂乱其所为，所以动心忍性，曾益其所不能。"此外，上古时期的神话传说"精卫填海""夸父追日""大禹治水"等，都是对这种奋发进取精神的礼赞。

在改革开放、发展市场经济的今天，面对激烈的社会竞争和复杂的社会局面，新时代大学生不仅需要有这种积极进取、自强不息的精神来抵制腐朽思想的侵蚀，还要重视优秀传统文化的力量，以思想引领行为，克服自己成长、成才道路上的一切艰难险阻。

（三）仁义正直、舍生取义的伦理道德观

先秦儒家文化的核心内涵就是人伦道德思想，简言之，即传统道德思想和人格修养。它以"仁爱"为标准，重视人的尊严和价值，重视人格完善。

孔子提出"仁者爱人""推己及人""己所不欲，勿施于人""己欲立而立人，己欲达而达人""志士仁人""无求生以害仁，有杀身以成仁"。孟子说："杀身成仁""舍生取义""爱人者，人恒爱之；敬人者，人恒敬之""富贵不能淫，贫贱不能移，威武不能屈"。这些都透露出怎样做人的伦理精神，对于培养受教育者高尚的道德情操和完善的人格修养有重要指导作用。

先秦儒家认为加强道德修养的方法是"内省""自省"。曾子说："吾日三省吾身，为人谋而不忠乎？与朋友交而不信乎？传不习乎？"孔子曰："见贤思齐焉，见不贤而内自省也。"孟子则提出"反求诸己"的思想。其实，这些都是在强调通过反省自身的过错，检讨自己的行为过失，并及时改正错误，相当于现代人提倡的多做自我批评。当代大学生个人良好品德的形成，需要

这种"自省"精神，严于律己，"勿以善小而不为，勿以恶小而为之"。

所以，当前大学生思想品德教育过程中，要将中国社会传统伦理道德观念引入青年大学生的自我教育内容中，从而将道德认识自觉转化为道德实践，进一步矫正他们失范的行为举止。

（四）以和为贵、和而不同的新型人际关系

千百年来，中国社会历来非常重视人际关系的和谐。孔子提出："君子和而不同，小人同而不和。"孔子的弟子有若说："礼之用，和为贵。"这些实际上是在讲，我们在面对人们不同的观点、意见时，要保留自己的意见，学会顾全大局、求同存异。而这也是源自孔子的"仁爱"思想，可以说，以"仁"为核心的道德准则，已经成为当今人们普遍认同的处理人际关系的基本准则。它要求我们对待他人要怀有一颗包容同情的仁爱之心，对待自己要严格要求、善于内省。在人与人的交往相处中，要学会关心他人，本着友善、宽容的态度去对待别人，自己立身修德，也要让别人立身修德；自己通达事理，也要让人通达事理；自己不愿意做的事情不要强迫别人去做。当下，大学生受西方文化思想的影响，在处理人际关系时过于强调自我，喜欢独处，不愿与同学交流，集体意识淡泊。所以，当前的大学生思想政治教育工作，要汲取传统的养分，借助先秦儒家文化的教育资源，让大学生学会正确处理与他人、与社会的关系，为大学生日后更好地适应社会发展、建设和谐社会贡献自己的力量。

三、先秦儒家文化在大学生思想政治教育中的实施路径和模式建构

中国传统文化经过时间的积淀，逐渐发展成为代表中国的特殊文化符号，其中积极的、优秀的、精华的部分，包括先秦儒家文化在内，在历史的传承中也已然成为中华民族精神的象征。从中国传统文化入手，特别是利用先秦

儒家文化，改革创新大学生思想政治教育具有重要意义，是每个思想政治教育工作者都应高度重视的一个课题。

（一）以"中国梦"为教育主题，开展丰富的校园文化活动，提高大学生对先秦儒家文化的兴趣

2012 年 11 月 29 日，习近平同志在参观《复兴之路》大型图片展时首次提出"中国梦"。"中国梦"对于当代大学生来说，实际上是广大青年学子的强国梦、成才梦、幸福梦，以此为主题的教育实践活动迅速在校园里开展起来。这无疑把高校德育工作推向了另一个高度，给大学生思想政治教育注入了新的活力与内容。而"中国梦"与先秦儒家文化有着千丝万缕的联系。金元浦在《"中国梦"的文化源流与时代内涵》中指出，中国梦彰显了中国主流文化精神（刚健有为、自强不息与和而不同）。这些主流文化思想都源自先秦儒家文化思想精髓。所以，依托先秦儒家文化思想来影响在校大学生的思维模式、行为方式和价值取向，与以"中国梦"为主题的教育实践活动，在方法上有异曲同工之妙。

当代大学生虽然也意识到中国传统文化的重要性，但并不喜欢对传统文化的那种说教式讲学，所以，我们在对大学生进行先秦儒家文化教育时，要避免脱离实践的"坐而论道"，应注重培养其兴趣和爱好，在大学生中开展富有传统文化内涵的校园活动，以增强教育的有效性和吸引力。

我们可以通过定期邀请"国学"名师、专家开展系列讲座，指导学生阅读先秦儒家经典著作；组织大学生开展体现先秦儒家文化的优秀古诗词朗诵比赛、历史事件演讲、中华经典美文诵读等活动；成立各种话剧社、曲艺或戏曲社团，通过同学自编自演的节目引起大家对先秦儒家文化的兴趣。这些活动可以让学生在活动中感受先秦儒家文化的博大精深，做到知行合一，从而进一步提升学生的道德品质，培养学生高尚健全的人格。

（二）推动先秦儒家文化进课堂、进教材

课堂是大学生接受教育的主要场所，将先秦儒家文化融入思想理论政治课和选修课，是快速提高大学生道德修养的重要途径。

在高校思想政治理论课的教学内容上，要扩充先秦儒家文化分量，要把先秦儒家文化知识与大学生关注的热点和难点结合起来，与高尚情操的陶冶结合起来，借助先秦儒家文化提高大学生在现实生活中对真善美、假恶丑的甄辩能力，通过深入浅出、循循善诱的教学，进一步使先秦儒家文化入脑、入心；在教学方法上，充分利用现代教育技术，采取学生乐于且易于接受的方法，比如，分组讨论、情景模拟、主题演讲等，让学生在愉快的氛围中对先秦儒家文化有深刻的认知，促使其自觉学习中华民族的传统美德。

除此之外，我们还可选派精通传统文化的教师主讲《大学》《中庸》《论语》《孟子》《诗经》《周易》等经典著作，开设诸如《中国传统文化概论》《中国伦理学》《先秦诗歌欣赏》等选修课，举办百家讲坛式的文化名人讲堂、传统文化学术报告，让大学生在多样的视听感官享受中，体悟先秦儒家文化的独特魅力，荡涤灵魂和精神上的瑕疵与污垢。

（三）利用网络，拓展先秦儒家文化教育的途径

当前，社会已步入信息高度发达的互联网时代，网络日益成为人们交流学习的重要渠道，高校要充分利用这一现代传媒手段，进行大学生思想政治教育，牢牢把握思想政治教育的主动权。而先秦儒家文化与大学生思想政治教育的结合，也可借助这一平台，实现新时期大学生思想政治教育模式的创新。

第三节　大学生思想政治教育中传统文化的渗透及价值

　　本节首先分析了大学生思想政治教育中传统文化的价值体现，阐述了传统文化有利于提高大学生的人文和思想道德素养、大学生思想教育工作的渗透力和感染力、大学生社会主义核心价值观念的培育和践行等方面的作用，然后说明了目前大学生政治思想教育工作中存在教育主体没有充分认识传统文化、政治思想教育和传统文化融合度较差以及大学生政治思想教育中传统文化渗透教育方式单一等问题，最后根据这些问题全面总结了目前的大学生政治思想教育工作中应该在课堂教学中融入传统文化、在大学生思想教育实践活动中融入传统文化、在校园网络中融入传统文化等措施，旨在为大学生政治思想教育工作中传统文化的渗透提供理论基础，全面提升大学生的思想道德和文化素质。

一、大学生思想政治教育中传统文化的价值体现

（一）有利于提高大学生的人文和思想道德素养

　　人的素质是经过文化渗透和教育工作不断完善和丰富的，人文素质教育和思想道德素质教育工作是大学生思想政治教育工作中的重点，对大学生走向社会的发展具有重要的意义。中国优秀的传统文化中具有许多瑰宝，大学生学习中国优秀传统文化有利于提升学生自身的人文和思想道德素养，提升学生的自身修养。如中国传统文化中的"天行健，君子以自强不息"，在这句话中包含了对人生的追求，体现的是一种奋勇向上的不断求索精神，是现代化都市人们工作所缺乏的一种精神，所以在大学教育工作中，施行自强不息的教育工作，对即将踏入社会的大学生具有重要的引导作用，对他们的职

业生涯发展具有重要的指引作用。中国的优秀传统文化不仅是这一点，还有许多其他的传统文化，对大学生的职业生涯发展都有促进作用，这些优秀的传统文化经过几千年的不断发展，逐渐沉淀，不断传承与创新，和现代化社会的发展与进步相互融合，能够适应社会发展的变迁，特别是在现代化社会生活中，经济、政治以及文化生活中都有受到来自传统文化的影响，在大学利用传统文化施行大学生的思想政治教育工作，学生在潜移默化中受到传统文化的熏陶，能促进自身素养的提升。

（二）有利于提高大学生思想教育工作的渗透力和感染力

在经济全球化的时代背景下，国外的一些思想和价值观念已经逐渐深入中国，对大学生的思想也存在着一些影响作用。中国优秀传统的文化具有丰厚的底蕴，思想文化教育内容丰富，有利于促进大学生全面思想的提升，可以被作为大学生思想教育工作开展的主要文化依据。在大学生的教育工作中融入传统文化，使教育工作更具有说服力，提升教育工作的感染力。例如，大学生在接受爱国主义教育时，在其中加大对传统文化德育工作内容的学习，并且在大学生的生活和情感中注入传统文化的魅力，让传统文化的影响更具有说服力，在潜移默化中受到来自传统文化的熏陶；在思想教育工作中融入传统文化，也会提高思想政治教育工作的成效，学生在传统文化的影响下受到更好的文化传承和品德教育，促使大学生思想政治教育渗透力的提升。

（三）有利于大学生社会主义核心价值观念的培育和践行

大学是学生接受文化和知识学习的重要场所，当代大学生进行社会主义核心价值观念学习是一项基本的任务；在大学生的思想政治教育工作中融入中国传统文化，对德育工作的深度内涵施行深度挖掘，结合现代爱国主义精神的发展，有利于培养大学生的爱国情怀。大学生思想政治教育工作中对于大学生的教育开展是一项重要的工作任务，传统文化的融入使思想教育工作更具效用。如传统文化中的"天下兴亡，匹夫有责"、"己欲立而立人，己欲达而达人"、"言必诚信,行必中正"等传统文化,能够体现传统文化中爱国、诚信、仁爱、友善的思想品德,对于大学生未来的发展具有重要的意义,有利于大学生树立社会主义核心价值观念,大学生的社会主义核心价值观一旦形成,对社会主义先进文化的建立与完善也具有重要的意义。

二、大学生政治思想教育工作中传统文化渗透面临的困难

(一)教育主体没有充分认识传统文化

教育工作的主体主要是教育者和教育对象,但是在目前的大学生政治思想教育工作中教育主体没有充分认识传统文化。对教育者来讲,只有自己在全面认识传统文化之后,才能将自己理解的传统文化融入思想教育工作中,但是在目前的大学生思想教育工作中,很多政治思想教育工作者不能对传统文化的思想和深度含义进行精准把握,导致大学生的政治思想教育工作对传统文化的利用比较少。教育工作者是大学生实现思想文化提升的主要指引者和教导者,在对大学生的思想培养方式上具有关键的作用,因此,只有经过专业训练之后的思想工作教育者才能在大学生的思想教育工作中发挥传统文化的效用。

对教育对象来讲,主要是教育对象自身没有充分认识传统文化,在接受思想文化的教育工作中没有重视,特别是在目前全球化的背景下,很多大学生的思想受到来自西方文化的冲击,大学生对于中国传统文化的认识相对较淡,转而是对西方传统文化的憧憬和向往,导致对传统文化的认识不足。另外,很多大学生在接受思想教育的过程中,主动性比较缺乏,被动地接受知识,并不能对自身文化素养的提升起到很好的作用,在接受思想道德教育中,需要大学生主动去学习,能够认识到传统文化的作用。

（二）政治思想教育和传统文化融合度较差

世界观教育、人生观教育、法制观教育、道德观教育及政治观教育是目前大学生进行思想政治教育工作的主要方面，但是就目前的大学生思想教育工作而言，传统文化的思想教育工作之间的融合程度还比较低。一方面，传统文化在大学生思想教育工作中的融合范围比较小，没有实现广泛的结合。只有一小部分的中国传统的优秀文化融入了大学生的思想政治教育内容中，这些在传统文化中只是九牛一毛，对大学生的思想政治教育工作的作用也比较小。目前，大学生思想政治教育工作融入的传统文化主要是朴素辩证思维和爱国主义，但是对传统文化中的法治观念和政治观念却很少有涉及。另一方面，大学生思想政治教育工作和传统文化之间的融合度较浅，大学在进行思想教育工作中，所有的教学素材是学校实行统一颁发，学生所接受的思想教育也全都是来自课本知识，但是课本知识相对来讲是比较有限的，对于传统文化的挖掘深度远远不够。

（三）大学生政治思想教育中传统文化渗透教育方式单一

教育工作者是大学生思想教育的传播主体，但是在目前的大学生思想教育工作中，教育工作者在对大学生进行思想教育时，很多都只是为了完成教育任务，因此在教育方式上比较单一，选择的是传统的授课形式，学生只是被动地接受老师所讲的内容，在这样教育方式下学生对接受的知识不能实现很好地运用，导致思想政治教育的目的不能完全实现。教育方式在大学生的思想教育工作中具有重要的意义，理论灌输是目前大学对大学生施行思想教育的主要教育方式，在思想教育内容中融入一定的传统文化，对学生施行知识灌输式教学，这种教学方式比较注重理论，具有说教的特点，但是这样的教学方式没有任何思维趣味性，会导致大学生的学习积极性和主动性丧失，老师讲授学生在下面睡觉的现象经常出现，导致学生对思想政治教育的学习根本不能融入学习中，这种传统文化思想教育学习也可以称为无效，不会对学生的思想和观念产生变化。也有一些高校改变了教育方式，带领学生参观历史古迹、进行公益劳动的开展、组织社会服务，但是因为没有对这些活动施行有效的系统化管理，也没有实现常态化的教学模式，所以对大学生思想教育的影响作用比较小，产生的效果也具有暂时性的缺点，甚至在很多实践活动的开展中并没有实现与传统文化的有效结合，传统文化在思想教育工作中的重要作用也就不能得到体现。

三、在大学生思想教育中传统文化渗透的实践途径

（一）在课堂教学中融入传统文化

思想政治教育课堂是大学生接受思想文化知识的重要场所，大学生在进行思想观念的学习过程中会树立自己的世界观、价值观和人生观，所以在大学生的政治思想教育工作课堂中要引入传统观文化，提高大学生政治思想文化的感染力和渗透力，这对于大学生的成长和发展具有重要的意义。

首先，要加强对大学生思想政治教育工作者的理论课的培训工作，在进行相关专业知识的培训过程中，同时要加强对教育工作者传统文化知识的培训，保证政治思想教育工作者自身能够掌握丰富的传统文化知识，以便在思想教育工作中灵活运用传统文化知识。其次，政治思想教育工作者自身应该主动进行传统文化的学习，对社会主义核心价值观做到自觉践行，在追求真善美的基础上也进行传播，只有教育工作者自身做到有坚定的理想信念、务实工作态度以及高尚的人格，才能在潜移默化中对学生的思想情感产生影响。

大学生思想教育工作离不开传统文化的支持，在进行大学生政治思想教育的过程中，要不断挖掘传统文化的深层内涵，在政治思想教育中丰富课堂文化内容，为大学生提供充足的学习资料，营造一个良好的学习氛围。例如，在对大学生的世界观教育工作中，应该对老子和道家的朴素辩证思维加以说明，让学生能够运用辩证的思维去看待事情和解决问题。我国传统的思想教

育中，不同的派别之间有不同的观点，但是大致的方向是一致的，在现代的思想教育工作中，要加强对儒家文化深度挖掘的利用，提高大学生的社会责任感和使命感。

（二）在大学生思想教育实践活动中融入传统文化

一方面，可以利用中国的传统节日作为契机，例如，在清明节可以组织大学生对革命先烈进行缅怀，培养学生的爱国主义情怀；在教师节，组织学生开展尊师重道的实践活动，借用儒家文化中尊师重道文化来进行实践活动的开展，让大学生在掌握传统文化精神的基础上，加强对传统文化力量的深层次理解，培养学生的情操，提高大学生的社会责任感。

另一方面，在进行政治思想的教育工作中，也可以利用文化基地作为实践活动开展的场所，在固有的传统文化资源所属地，对文化资源进行参观展览，让大学生有一种身临其境之感，提高学生参与政治思想学习的主动性，并且要保障这种实践活动开展的常态化。

（三）在校园网络中融入传统文化

随着社会互联网时代的到来，网络已经成为大学生接收信息的主要来源，网络在大学生生活和学习中的影响非常明显，所以为了提高大学生政治思想学习的主动性和常态化，要利用网络来进行政治思想文化的教育工作。在学校的官方网站中开设自己的传统文化教育专栏，同时，可以利用学校的官方微博和微信公众号进行相关传统文化知识的传播，在大学校园网络中融入中国传统优秀文化，使大学校园网络中全面体现传统文化，为大学生营造一个传统文化知识学习氛围。其次，还可以在网站中制作相关的传统文化传播网络课程视频，网络视频能够将文字、图像、声音及动作融为一体，比较直观形象地展现给大学生们一个传统文化传承环境，在这种快速发展的社会背景下，这也是为顺应社会发展潮流所做出的成果，将这种网络课程视频放到校园网络中，通过各种途径进行传播，给大学生一个最直观的冲击感受，促进大学生政治思想学习的主动性。

综上所述，中国优秀传统文化在整个大学生政治思想教育工作中具有重要的意义，中国优秀的传统文化是中国文化的瑰宝，经过常年历史的沉淀，已经发展演变成为和社会时代发展步伐相切合的文化体现，并且经过几千年的传承与发展，还能经久不衰，这也足以说明传统文化的力量是无穷的。因此，在进行大学生思想教育的过程中，要全面展开对传统文化的利用，利用多元化的教学方式，以不同的形式将传统文化融入大学生政治思想教育工作中，为全面提升大学生的政治思想素养和文化素养打下坚实的基础。

第四节　传统文化在大学生思想政治教育中的应用

中华优秀传统文化在当代仍具有相当大的意义和价值，仍是今天高校思想政治教育工作非常重要的思想资源和指导方法。所以，高校思想政治教育工作者要继承、发展、创新中华优秀传统文化，使它能继续光彩照人，发扬光大。本节探讨了传统文化在大学生思想政治教育中的应用。

一、优秀传统文化融入大学生思想政治教育的意义

中国民族的优秀传统文化是中华文明成果的历史传承，是以老子、庄子、墨子、儒家、道家文化等为主体的多元文化相互融通而形成的体系，它包括文字、思想、语言、民俗、节日、六艺、书法、曲艺等，它既是民族历史的道德传承，又是华夏文化观念的结合体。优秀传统文化具有博大精深、历史悠久、世代相传等特质，同时它还具有丰富的思想政治教育资源，如传统文化中蕴含着：治国平天下的爱国精神、厚德载物的兼容精神、刚健有为自强不息的进取精神、仁义正直耻辱自知的人格精神、言行一致的诚信精神、天

人合一的和谐大同精神等。这些优秀传统文化思想在思想政治教育中的运用将有助于激发大学生的爱国主义情感；有助于提升大学生的道德素质；有助于增强大学生的民族自尊心和使命感；有助于大学生树立正确的世界观、人生观、价值观；有助于高校校园良好道德环境形成等。国内学者们已经逐渐地认识到优秀传统文化是思想政治教育不可或缺的资源，应该有效地融合与传承。

二、传统文化在大学生思想政治教育中的应用

（一）改进课堂教学内容，加强优秀传统文化的教育作用

开设专门的中华优秀传统文化讲解课程。如利用思想政治教学课堂，开设怎样构建诚信的社会、你了解中国的节日吗？爱国主义与我们的生活、今天你的道德日记是怎么写的？我的眼里只有我和我的眼里也有大家＝等，有趣的专题课程。引入优秀传统文化故事、名人警句、人物传记介绍，通过提问、讨论等方式，帮助学生了解历史文化的来龙去脉，结合实际了解传统文化之精髓，分析现实中热点的道德问题，促进学生思考讨论。

让学生成为课堂的主人，让学生对优秀传统文化进行讲解。中华优秀传统文化中的人物、故事、历史渊源，容易引起学生的兴趣，引导他们自己去寻找合适的素材讲解耳熟能详的道理，体现学生学习的价值，使之更深刻地认识到思想理念的正确性，自觉地进行实践。

开设和优秀传统文化相关的第二课堂，让学生体会到传统文化的魅力。在第二课堂中可以举办，如＝中国传统服饰发布会，让学生自己找材料，自己试着做传统服饰，领略中国的服饰文化。还可以举办猜灯谜做灯笼活动，领略不同节日的特色。端午节举办包粽子我们来活动，让学生自己动手，亲身感受传统节日与美食的乐趣。还有礼貌待人我来学学古人怎么做，中华经典作品朗诵会等各式各样的活动，生动有趣的思政课活动，既可以激发学生

的兴趣，又可以使学生理解知识的内涵与实质，更容易在现实中运用。

（二）开展传统文化教育的社会实践

社会实践活动是加强和改进大学生思想政治教育的有效方式，是高校人才培养的第三课堂，是开展优秀传统文化教育的重要阵地。在社会实践活动中，一是建立传统文化教育基地，加强与红色教育基地、地方博物馆、书画展览馆、历史文化遗迹保护单位等的联系，通过参观、考察、调研等方式使学生获得生动的、形象的、直观的情感体验，将传统文化的思想内涵和道德风尚渗透到大学生的心灵深处，在社会实践中进一步加深对优秀传统文化精神内涵的深刻理解；二是创新社会实践形式，将传统文化教育融入社会实践中，如组织学生开展以传统文化为主题的支教活动，向贫困山区的孩子宣讲中华优秀传统文化的知识，在传承传统文化的同时达到学以致用的效果，在实践中将中华优秀传统文化的精神内化于心，外化于行。

（三）将传统文化与高校校园文化建设相结合

校园文化氛围可以直接影响学生们的学习兴趣和学术水平，因此营造良好的校园文化氛围对高校来说是至关重要的。传统文化教育应该与校园文化建设相结合，通过传承传统文化的校园氛围来培养学生们的兴趣，加强学生们的道德文化修养，实现优秀传统文化在大学生思想政治教育中的价值。高校首先应转变观念，自上而下提升对开展优秀传统文化教育的重视程度，充分认识到育人应以德育为先的理念。其次，高校应以校园环境为载体融入优秀传统文化的元素，比如校园建筑、标志性景观、宣传走廊、图书馆宣传语、人物雕塑、校训、校歌等都可以融入优秀传统文化元素，使学生们随时随地能够得到优秀传统文化的滋养。再次，积极开展以优秀传统文化为内涵的团学活动，举办校园文化节，开展以传统文化为主题的教育活动，通过讲座、沙龙、演讲比赛等系列宣传活动，同时利用校园广播、校园电视台、校园报纸等媒体的导向作用，最大限度地在校园中营造学习传统文化的氛围。

（四）积极通过网络平台，实现中华优秀传统文化宣传的全覆盖

校园网络平台是学生获取学校信息不可或缺的重要途径。可以利用校园网络平台多发布一些优秀经典书籍、诗歌、让学生有评价的渠道，在这个过程中起到相互教育的目的。还可以刊登一些优秀传统文化的小故事，召集学生表演成真人版视频，发布在校园网上，大学生喜欢表现自我，更能引起他们的兴趣和共鸣，通过热烈讨论，实现中华优秀传统文化的教育目的。

总之，中华文化源远流长，积淀着中华民族最深层的精神追求，代表着中华民族独特的精神标识，蕴含着丰富的思想道德资源。将中华优秀传统文化融入大学生思想政治教育，不忘根本、继承出新、古为今用、推陈出新，有鉴别地加以对待，有扬弃地予以继承、以文化人、以文育人，就能让中华优秀传统文化真正成为社会进步、民族复兴的宝贵精神财富。

第五节　优秀传统文化与大学生思想政治教育的融合

中华民族具有五千多年的文明发展历史，文化悠久，民族的传统文化经过数千年的洗礼后，形成了博大精深的文化体系。中国传统文化其博大精深的核心价值，对促进高校大学生正确的思想价值观的形成和健康发展起着重要的作用。将传统优秀文化融入大学生思想政治教育工作中，能有效促进大学生的思想认识水平的逐步提高和强化，确保大学生形成正确的思想意识。高校应合理利用我国优秀的传统文化，将其融入大学生思想政治教育工作中。在思想政治教育中，依托中国优秀的传统文化来影响大学生形成正确的世界观、人生观和价值观，促进大学生全面健康发展，为我国培养更多优秀的人才，发挥出我国优秀传统文化的育人功能。

一、优秀传统文化融入大学生思政教育的意义

当代大学生对中国优秀传统文化的了解现状。在经济全球化高速发展的时代，一些人逐渐追求实用主义。有的学生认为，上大学的根本目的是找份好工作，所以上大学最重要的是学好专业和相关工作事务，至于传统文化知识那都是次要的，更没必要读四大名著、二十四史之类的经典，有那功夫还不如学点英语考个证书什么的。可见，现在大学生对中国优秀传统文化的认知差距大，真正充分理解我国优秀传统文化的可能不多。有的大学生优秀传统文化方面底蕴不够，对中国传统的优秀文化兴趣不大，喜欢标新立异，在思想上容易受不良思想影响。有的大学生喜欢过洋节，比如情人节，对中国的七夕节不甚清楚；喜欢肯德基和麦当劳等食品；追求嘻哈、摇滚国外音乐，对中国古典音乐不甚了解；在娱乐文化的渗透上，每天追星、追好莱坞大片，等等。一些大学生把主要的课余时间用在抖音、微视频、直播等娱乐上，浪费了时间和精力，也浪费了金钱，甚至玩物丧志。因此，加大中华优秀文化的课堂教育势在必行。

帮助大学生树立正确的世界观、人生观、价值观。中国传统文化源远流长、博大精深，学习和掌握其中的思想精华，对大学生树立正确的世界观、人生观、价值观很有益处。目前，西方不良思潮对大学生有一定的影响，对大学生的三观产生了一定的负面作用，制约着大学生思想的健康发展，也影响他们的价值观和行为规范的形成。习近平总书记指出，要坚持把立德树人作为中心环节，把思想政治工作贯穿教育教学全过程，实现全程育人、全方位育人，努力开创我国高等教育事业发展新局面。所以，深刻理解习近平总书记关于高校思想政治教育工作的系列重要讲话，深入贯彻落实讲话精神，寻求更多路径，将我国优秀传统文化有效地融入当代大学生思想政治教育工作，使其体现出应有的价值，尤为重要。人的一生形成正确的世界观、人生观、

价值观的关键阶段是青年时期，思想政治教育介入的最佳时期、最有时效性的时期也是大学阶段。在这个时期将中国传统文化植入大学生思政教育工作中具有很强的现实意义，不但能使大学生更充分全面地了解优秀的中国传统文化，而且还可以长久影响大学生的思想认知，更加有利于大学生的身心成长的发展。中国优秀的传统文化对大学生的影响是全方位的，这些优秀的内容对大学生形成正确世界观、人生观和价值观有着极其深远的意义。

提升学生的综合素质，塑造健全人格。人格是人类独有的，由先天获得的遗传素质与后天秉承的内外信使相互作用而形成的，人格并不是一生中一成不变的，它会随着环境和人生的际遇发生改变。人格是具有可塑性的，可以依靠优秀的文化铺垫作支撑，培养和发展健全人格。传统文化是中华民族的根，是人文精神的底蕴，是塑造中华魂的优秀素材，对培养学生的综合素养具有重要作用，对学生形成健全的人格具有无可替代的作用。高校的大学生思想政治教育工作将优秀传统文化有效融入，会帮助大学生树立勤劳、果敢、坚毅等健全人格。当下，大学生在日常学习中不仅要重视专业技能，更要关注人文素养的精神追求，将优秀传统文化合理、有效地融入大学校园，融入大学生思想政治教育工作中去，充分发挥我国优秀传统文化的教育意义，对于促进大学生身心全面健康发展，对于高校培养更多优秀人才意义重大。

思想政治教学内容底蕴更深厚。中国优秀的传统文化缤纷多彩，诗歌、书法、戏曲、绘画等包含了丰富的文化内容，有着深厚的育人功效，是德育文化精髓所在。这些内容可以陶冶大学生的情操，有利于全面提高大学生的综合素质，使其人文素养更上一个高度。这些优秀的文化是中华民族几千年的传承，其璀璨的内容对国人来说有着强大的吸引力。把中国优秀传统文化充分融入大学生思想政治教育中，能大大激发大学生对传统文化的热情和兴趣爱好。大学生们把这些优秀的传统文化内化于心，成为长期影响自身言行举止的信念，能让大学生在不知不觉中接受教育，从而取得良好的工作成效。

二、优秀传统文化融入思政工作的实践路径

优秀传统文化进课堂。课堂教学依然是高校理论课程体系的重要形式。在培育大学生思想的过程中，应融入我国优秀传统文化的课程内容，不断探索和完善教学方式方法，以学生喜闻乐见的形式促进传统文化与思政工作的融合教学。

高校在开展思想政治课程时，应加大传统文化在课程中所占的比重。首先，高校可以设置一门着重宣传中华民族传统文化的思政必修课，在这个课程中不断改革和创新传统文化教学，以此提高大学生对中华民族传统文化的重视程度。其次，高校可以定期举办有关中华民族传统文化宣传的讲座或者开展一些交流大会和民俗活动，在活动中除了本校教师外也可从社会聘请优秀的文化学者和民俗专家，为大学生们进行讲解和示范，让大学生发自内心喜爱中华民族优秀的传统文化。

笔者所在地区某高职学院在传统文化进校园方面进行了积极的尝试。为了传承和保护非物质文化遗产，唤起大学生民族自豪感，引导广大学生自觉承担起文化传承和创新的重任，该学院组织了非物质文化遗产协会走进校园的活动。在这次活动中，剪纸、皮影、面塑、丝网花、糖画等非物质文化遗产项目走进校园，同学们被这些魅力非凡的民间艺术深深地吸引。到场的艺人们在展演技艺的同时细心讲解这些民间艺术的发展及现状。当地糖画艺术传承人现场制作糖人，并亲自指导学生动手尝试。大师们示范制作了各个项目的工艺品，还指导在校大学生动手体验，同学们尝试了窗花雕刻、皮影、草编工艺品等项目。此项活动吸引了师生 4000 余人广泛参与，师生们深切感受到了中国传统文化的魅力。这次非物质文化遗产进校园活动，提高了大学生对中国优秀传统文化的认同感，大大激发了大学生学习传统文化的兴趣和热情。通过这次活动，大学生被传统文化的魅力深深折服，很多同学表示

非常乐意了解更多的相关内容，并且愿意承担起传承与保护中国优秀传统文化的责任。

此外，该学院还开展了中华传统文化系列教育活动，邀请多名校内外专家、学者进行讲座，如："大学生人格修养""历史文化""法律文化""养生文化""节日文化""非物质遗产文化"等主题，丰富了在校大学生的知识结构，为大学生打开了了解优秀传统文化的窗口，拓展了视野。

借助信息化手段，宣扬优秀传统文化。随着互联网技术高速发展，信息数字化时代到来。高校应该利用科技手段，充分发挥互联网技术与网络平台宣传中华优秀传统文化，利用微博、公众号等构建校园思政教育平台，挖掘其教育功能和社会服务功能。对于网络上某些诋毁中华优秀传统文化的不实言论，要及时予以澄清，加强对网络舆论的正面引导，着力开发互联网作为大学生思想政治教育的重要工具，将思想政治教育工作开展得更好。

在这方面，笔者所了解的这所学院组织开展了以弘扬中华传统文化为主题的国学经典诵读大赛，并利用校园广播和微信平台播放国学经典，宣扬优秀传统文化内容，使优秀传统文化渗透学生的生活和心灵，让学生在潜移默化中受到优秀传统文化的熏陶。这次利用经典诗词、传统文化培根铸魂，将经典哲思与诗词气韵融入大学生思想政治教育中，对加强大学生爱国情怀起到积极作用。除此之外，邀请大型话剧团和杂技团为全校师生表演了大型话剧《立秋》和杂技，为师生提供了一个亲近艺术、聆听大师、提升艺术素养、感受艺术魅力的平台。

发挥高校辅导员的引领作用。在高校中，高校思想政治教育的骨干力量是辅导员，因为他们是与大学生接触最多的老师，他们是大学生思想上的引路人，始终站在大学生思想政治教育最前线。这就要求高校辅导员做到身正为范。首先要坚守正确的意识形态，时刻和党中央保持一致，充分理解高校意识形态工作的重要意义。马列主义、毛泽东思想以及中国特色社会主义理论体系需要全面系统地掌握和学习。在大学生思想教育过程中，充分发挥自身的资源优势和情感优势，引领大学生对中国传统文化感兴趣，使其产生民族自豪感，这样将传统文化融入大学生思想政治教育中才能事半功倍。

为弘扬中国传统节日文化，该学院辅导员、教师代表、新生代表，在中秋节当天举办了庆中秋师生茶话会。茶话会上既有师生之间的交流环节，也有传统文化节目的表演。优美的古典舞蹈《礼仪之邦》，《将进酒》《长恨歌》等古典诗词的情景朗诵，诗词与现代音乐搭配的古诗词《知否知否》《使至塞上》《水调歌头》，非物质文化遗产《昌黎秧歌》，让大学生们不仅感受到节日的快乐，而且拉近了与优秀传统文化的距离。

综上所述，优秀传统文化具有诸多途径融入大学生的思政工作。我们需要开展多种形式的实践活动，将传统文化融入生活、融入实践，能够看得到、摸得着。通过在工作实践中真实地感受和了解，在今后的工作中，高校不仅需要加强师资队伍建设，还要寻求各种途径，以新颖的形式吸引大学生的支持和青睐，使之参与其中，最终促进同学们对优秀传统文化的吸收。

第四章 新媒体背景下高校思想政治教育创新

第一节 新媒体环境下大学生思想政治教育工作的创新

新媒体是相对于传统媒体而言，继广播、电视、报刊等传统媒体后崛起的新时代背景下的媒体形态，是应用移动互联网技术，通过网络等即时性较强的渠道。通过手机、电脑等终端，随时随地向用户提供信息服务的媒体形态。新媒体又被称为数字化媒体，当今的大学生，几乎每人都有自己的手机和电脑，很容易通过各种新媒体，包括微信、微博、论坛等接触到各种新鲜事物。在当今时代背景下，新媒体的作用相当明显，主要表现在舆论导向、思想教育、交互等方面。由于在新媒体环境下会出现信息杂乱，良莠不齐、文化渗透和意识形态入侵等情况，所以作为高校思想政治教育工作者，需根据时代的变化对工作方式进行调整。如何在这样的时代背景下使工作有所突破，是一个值得深思的问题。

一、创新教育理念

新媒体的崛起和在社会生活中的应用频率及所能发挥的作用已不容小觑。在这样的环境下，需要广大思想政治教育工作者高度重视，培养积极应用新媒体推进大学生思想政治教育工作的方式方法，利用好新媒体传播速度快的优势。通过以新媒体为载体开展多样化校园文化活动，吸引更多大学生关注和参与，从而加强学生思想政治教育工作的时效性，抓住思政教育的最佳时机，抓住思想政治教育工作的主动权。

二、改进教育方式

思政教育工作者在改变传统教育理念的同时，首先要做的是改变原有的思想政治教育方式，把新媒体技术应用到思想政治教育中去，逐渐搭建出一套满足新媒体发展需要的思想政治教育体系。既要保持主旋律不变，同时也要对现有的教育方式进行多样化创新，要充分发挥出新媒体的舆论导向作用、交互性强的特点调动起学生积极主动地参与到教学过程中来。在改变教育方式的过程中，除了在基础业务知识上需要拓展更新外，还需要在工作实践上针对新媒体传播方式的特点进行创新，如借助新媒体传播中用到的各类平台，用青年人群容易接受的方式开展思想政治教育沟通的工作。使用创新后的教育方式不仅可以让高校学生的思政教育工作更快更有效地开展推进，同时也能迅速提升思想政治教育工作者的业务实践水平。其次要加强制度建设。由于新媒体上的信息百花齐放，鱼龙混杂，需要教育工作者通过网络管理制度、危机预防与处理制度等相关校园制度，尽力完善校园网络的舆情疏导机制，改进工作方法，强化引领作用，净化校园的新媒体生态环境，以提高思政教育的工作成果，推动校园正能量的传播发扬，从而使思想政治教育工作自然深入地走进大学生的心灵世界。通过这种方式来加强与学生之间的沟通，培养大学生的学习能力、办事方法、做人准则、创新意识。同时，作为思想政治教育工作者也应该不断学习，更新自身的知识领域，加强对新媒体知识的了解，不断提高教学能力。不仅在工作时间、校园内做好思想政治教育工作，还要学会借助新媒体等载体的力量随时、随地处理各类问题，学会借助各种平台、载体以及一切可发挥的力量，不断改进思想政治教育工作思路和策略。

三、优化新媒体下思想政治工作架构

优化思想政治工作架构是指在基于新媒体环境的背景下，充分整合利用校园中各部门的资源，建立起一种立体化的同建机制。首先需要成立起负责校园网络思政工作的专管部门，对原来各部门自上而下、各行其道的运行机制进行改变，逐步探索出一套各部门相互配合、统一管理、协调共进的宣传新模式，对大学生的思政工作进一步加强监管。并参与推动新媒体技术的进步及应用领域，充分发挥其对青年群体的引领作用，凸显其在思想传播上的优势。如在坚持完成校党委领导下的校园宣传工作的同时，建立学生处、宣传处作为校园新媒体的宣传端口，并根据新媒体的技术种类，细分为论坛GM、微博微信后台管理员、门户网站维护员等，让学生参与负责不同领域的技术管理，在锻炼学生能力的同时还可以充分发挥出新媒体的宣传效率；其次各大高校需要结合本校的实际情况，制定相关的管理规定，加强学校对新媒体技术运用过程的监督与管理，各高校需要组建信息监测专管部门，建立起严格的信息处理体系，进一步完善、提高校园信息的筛选处理技术，确保把握住校园舆论的主导权。从而更有效地传播校园正能量，净化网络环境，让网络宣传平台充分发挥其引导作用，更充分地提高高校思政教育工作的效率及成果。

综上所述，新媒体对大学生的影响十分深刻，应充分利用新媒体在信息传播上的优越性，促进大学生思想政治教育的工作创新。高校思想政治工作者要充分利用新媒体的优势，同时也要充分发挥新媒体的舆论导向性，构建良好的校园文化氛围，让学生在沟通交流中逐渐建立正确的德育观念，使思想政治教育与学生生活紧密联系起来。

第二节　新媒体背景下大学生思想政治教育机制优化创新

随着网络信息技术的迅速发展，大学生思想政治教育面临的时代背景以及当代大学生的生活、认知乃至思维方式均发生着巨大变化，当前的教育机制已经不能适应网络新媒体蓬勃发展的时代背景。正如习近平同志指出和强调的："做好高校思想政治工作，要因事而化、因时而进、因势而新。"在基于新媒体环境的背景下，重视大学生的思想政治教育，彰显社会主义核心价值观和社会主流观念，使大学生能够自觉抵制网络新媒体领域的不良信息，不断推进大学生思想政治教育理论和实践的新发展。

一、新媒体背景下大学生思想政治教育机制现状分析

（一）新媒体为当前大学生思想政治教育提供了重要机遇

基于新媒体环境到来深刻改变着社会生产生活的传统模式，同时也给当前大学生思想政治教育带来前所未有的机遇，其主要表现在以下几个方面。

（1）新媒体的发展突破了大学生思想政治教育的时空限制。新媒体技术的普遍应用，特别是以智能手机为代表的新媒体终端设备的普及化，使人与人之间的交流和沟通可以突破时空维度的限制。在这一背景下，大学生的思想政治教育工作不再受限于课堂教学这一时间和空间维度，从而为大学生思想政治教育机制提供了全天候、全过程、无死角的发展机遇。

（2）新媒体的发展拓宽了大学生思想政治教育的手段。在新媒体环境下，大学师生和生生交流更为便捷，因此高校的思想政治教育工作者可以及时了解大学生的思想动向，并采取有针对性的教育方式调整，同时也可以利用新媒体技术手段开展思想政治教育，增强教育的吸引力，激发学生的学习兴趣。

（3）新媒体的发展增强了大学生思想政治教育的效果。在新媒体环境的背景下，大学生的思想政治教育彻底改变了传统的一张嘴、一支笔的简单教育模式，以更丰富的内容和更为多元化的手段深入进行，这可以在相当程度上改变大学生对思想政治教育那种简单、枯燥的负面认知，从而以积极的心态接受思想政治教育，显著提高大学生思想政治教育的效果。

（二）新媒体对当前大学生思想政治教育机制带来巨大挑战

新媒体的发展对大学生思想政治教育不仅存在有利的一面，同时也使其面临着诸多挑战，其主要表现在以下几个方面。

（1）新媒体的发展对大学生思想政治教育主体提出了更高的要求。首先，在新媒体环境下，大学生获取各种信息的渠道日益增多，信息量也急剧增加，这必然导致高校在大学生思想政治教育层面上的信息优势日渐丧失，如果这种情况得不到有效改变，教育主体的权威将会面临严重挑战。其次，部分教育主体思想观念陈旧、运用新媒体的意识和能力不足，这必将会影响到新媒体在大学生思想政治教育领域作用和价值的发挥。

（2）新媒体的发展给大学生思想政治教育的媒介要素提出了新的要求。在教育方法方面，传统媒体时代的大学生思想政治教育主要通过思想政治理论课、主体班会以及师生谈话等方式开展，形式单一，难以激发学生的学习热情。在新媒体环境下，高校和广大教育工作者如何利用好新媒体的优势，积极开展教育方式和手段的创新，就成为当前大学生思想政治教育中亟待解决的实际问题。在教学内容方面，新媒体背景下的信息传播突破了传统的时空限制，大学生思想政治教育必须要拓展教育内容，使学生掌握教材上的思想政治理论的同时，形成正确的网络道德观念，自觉抵制网络不良信息的诱惑和影响，形成正确的网络道德观。

二、新媒体背景下大学生思想政治教育机制的优化创新

基于新媒体环境下的背景大学生思想政治教育工作是一项系统工程，其发展和完善不仅要适应新媒体迅速发展的时代特征，同时也要有思想政治教育理念和大学生心理成长规律的基本遵循。

（一）整合思想政治教育资源

虽然高校教师是对大学生进行思想政治教育的主力，但是学校党委宣传部、学工部、团委等部门也是对大学生实施思想政治教育的重要资源。在新媒体背景下，各高校要充分利用新媒体的技术优势，对上述资源进行充分整合，以构建起大学生思想政治教育的强大合力。例如，可以通过有关科室牵头，建设专题网站。构建思想政治教育数据库、录制思想政治教育微课、视频、建立常态化的家校沟通机制等。

（二）优化思想政治教育内容

面对蓬勃发展的新媒体对高校大学生思想政治教育内容的解构与重构要求，有必要进行相关教育内容的优化设计，以时代性和开放性为原则，积极构建适应基于新媒体环境下需求的大学生思想政治教育内容结构体系。具体而言，思想政治教育不仅要正确引导当代大学生形成良好的世界观、价值观和人生观，能够正确认知现实社会，还要形成良好的网络道德观念，正确认知网络虚拟社会；不仅要树立社会主义核心价值观，关心现实社会中的民主政治建设，亦要积极参与网络民主政治，自觉抵制西方社会通过互联网对我国进行的意识形态渗透；不仅要教育学生遵守现实社会的法律法规和社会道德规范，亦要遵守网络虚拟社会的道德和法律。

（三）提升高校思政工作者的新媒体素养

在新媒体环境下，大学生的思想政治教育工作不仅要坚守传统课堂教学

的主阵地，还要积极占领通过新媒体进行思想政治教育的制高点。显然，高校思政政治工作者的新媒体素养关乎上述任务的成败。因此，建议高校以教育改革和师资培训为契机，增强广大教职员工的信息意识，积极开发网络空间的思想政治教育资源，不断拓展利用新媒体进行大学生思想政治教育的领域。当然，面对自媒体时代网络信息的多元化，广大教师亦应该提高自身的理论水平和辨别能力，对于网络上出现的反面声音要敢于亮剑发声，自觉维护我国社会的稳定和谐。

（四）正确引导高校网络自组织的发展

网络自组织是互联网新媒体背景下发展起来的一种高校学生组织，为大学生进行学习和信息交流提供了一个快速、便捷的平台。随着高校网络自组织的发展和普及，其作为大学生思想政治教育平台的功能和价值也日渐凸显。显然，高校网络自组织对开拓学生的视野，促进大学生的人际交流具有重要价值，同时，一些网络负面信息的通过网络自组织的传播也放大了这些信息对大学生的潜在威胁。因此，高校要加强对这些网络自组织的监督管理，从建立、发展和日常管理方面加强引导充分发挥其在大学生思想政治教育方面的重要价值，通过传播正能量，弘扬真善美，为大学生的成长指引正确的方向。

（五）提升大学生的信息鉴别能力

在基于新媒体环境下，信息传输已经突破时空障碍，文化泛化成为当前世界文化发展的重要趋向，同时也成为我国社会转型期文化发展的重要特点。在这一背景下，西方敌对势力为了达到其不可告人的目的，妄图利用新媒体加大对我国的意识形态渗透。同时，国内一些别有用心的人也利用新媒体传播一些虚假信息。由于大学生群体社会阅历尚浅，往往对网络信息的真伪缺乏足够的辨别能力，极容易受到一些网络不良信息的蛊惑。因此，各高校需要采取有效措施，提升大学生的网络信息鉴别能力，强化他们对不良网络信息的识别能力，同时深刻认识到这些不良信息的危害性，从而自觉抵制这些不良信息。

创新大学生思想政治教育的理念和方式方法是一项长期的系统化工程，需要政府、社会、高校的共同努力，通过调动社会各方面的积极因素，实现教育资源的优化配置，不断开拓大学生思想政治教育的新局面，为中华民族伟大复兴中国梦的实现培养德才兼备的人才。

第三节 "四个自信"视域下应用新媒体创新大学生思想政治教育的研究

习近平总书记在庆祝中国共产党成立95周年大会上提出了"四个自信"，即中国特色社会主义道路自信、理论自信、制度自信、文化自信。本节从"四个自信"出发论述大学生思想政治教育的重要性，分析了当前高校在大学生思想政治教育中"四个自信"教育存在的不足，并结合当前基于新媒体环境下的特点，有针对性地提出如何结合新媒体创新性地开展以"四个自信"为核心的大学生思想政治教育的具体措施。

一、将"四个自信"教育融入大学生思想政治教育的重要意义

高校大学生思想政治教育工作历来都是我党高度重视的战略工程。2016年12月，全国高校思想政治工作会议在北京召开，在会上，习近平总书记明确指出了"应该办什么样的大学，怎样办好大学，培养什么样的人才，如何培养人，为谁培养人的问题"，强调各高校要坚持把立德树人作为中心环节，把思想政治工作贯穿教育教学全过程，实现全程育人、全方位育人，努

力开创我国高等教育事业发展新局面。2017年10月18日至10月24日，中国共产党第十九次全国代表大会在北京召开，随后在教育部发布的《中共教育部党组关于教育系统认真学习宣传贯彻党的十九大精神写好教育"奋进之笔"的通知》中也提到，要扎实推动党的十九大精神学习、研究、宣传全覆盖，自觉用习近平新时代中国特色社会主义思想武装广大干部师生的头脑，要牢固树立"四个意识"，不断坚定"四个自信"，在政治立场、政治方向、政治原则、政治道路上同以习近平同志为核心的党中央保持高度一致。可见，加强研究高校学生思想政治教育现状，并结合基于新媒体环境下的特点，创新性地开展以"四个自信"为核心的大学生思想政治教育，对提高大学生思想政治教育水平有着重大的现实意义。

二、当前高校以"四个自信"为核心的思想政治教育工作中存在的不足

（一）对大学生开展"四个自信"教育的顶层设计不完善

加强对大学生的"四个自信"教育，正确认识"四个自信"教育的重要性和长期性，是高校刻不容缓的育人使命。但当前部分高校对开展"四个自信"教育缺乏宏观思考和顶层设计，对开展"四个自信"教育的整体思路不明确，缺乏科学合理的系统性教育方案，也导致在开展"四个自信"教育时学校各部门之间分工不明确、步调不统一，相互间缺乏沟通，没有形成合力，一定程度上弱化了"四个自信"教育的实际效果。

（二）对大学生开展"四个自信"教育不够重视

第一，部分高校领导自身对"四个自信"的认识不够深刻，没有系统地组织全校师生深入学习"四个自信"的相关内容，致使部分教师并没有将"四个自信"教育融入日常的教育教学活动中，也直接导致学生对"四个自信"理论体系缺乏全面的认识。第二，部分高校没有把"四个自信"教育作为学

校头等大事去抓,对中央文件精神的贯彻和落实存在短期性和形式化的不足。第三,部分高校对大学生"四个自信"教育的认识存在误区,只是简单地把大学生的"四个自信"教育作为一项教学任务分配到二级学院或社会科学部,简单地由思政课的老师在课堂上进行单纯地理论灌输。这种完成任务式的教育模式力量单薄、渠道单一、收效甚微,无法收到全方位育人的效果。

(三)对大学生开展"四个自信"教育的内容和方式有局限

第一,对大学生进行思想政治教育的内容没有与时俱进。一方面,部分高校在对大学生进行思想政治教育时并没有及时融入"四个自信"的相关内容,导致教育缺乏时效性;另一方面,部分高校在开展大学生思想政治教育时没有与当下的社会热点相结合,思想政治教育与社会发展脱节,导致大学生对"四个自信"的认识不到位。第二,对大学生进行思想政治教育的方法不新颖、载体不丰富。随着基于新媒体环境的到来,以微信、微博等为典型代表的新媒体工具已经深深地融入了大学生的学习生活中。但是有些高校的思想政治工作者在推进"四个自信"进校园、进课堂、进头脑的过程中,没有很好地利用新媒体工具,对一些富有时代气息的信息、技术、知识视而不见,师生之间缺乏互动,没有充分发挥学生的主观能动性,思想政治教育缺乏吸引力。

(四)基于新媒体环境下的高校思想政治教育者的话语权被弱化

在基于新媒体环境下,由于新媒体信息传播具备去中心化、交互性强的特点,大学生可以在新媒体平台上表达自己的观点、传播自己的思想,每个人都有可能成为信息的中心,从而弱化了高校思政工作者的中心地位。另外,在新媒体这个平等的交互平台上,大学生的主体意识会被极大地激发和调动起来,他们可以通过多种渠道了解并传递信息。这在无形中削弱了高校思想政治工作者的权威性与信息优势,弱化了高校思政工作者对学生的思想掌控力。

三、"四个自信"视域下创新高校大学生思想政治教育方法的路径

（一）完善高校思政工作体系，构建校内校外相结合的思想政治教育全阵地

一是构建高校大学生思想政治教育的校内主阵地。高校要把"四个自信"教育作为学校的头等大事来抓，学院领导牵头"校思想政治工作领导小组"，统一调配学校的资源，打破各部门之间的壁垒，实现学校各部门之间的有效衔接，形成学校各部门之间统一作战、共同教育的合力。二是占领高校大学生思想政治教育的校外阵地。开展大学生思想政治教育工作要注重学校与社会的结合、理论与实践的结合，可以在专业人才培养方案中设置大学生思想政治教育的校外实践课程，给予相应的学分及学时的保障。另外，还要把"四个自信"的内容融入大学生校外实践和实习的过程中，让大学生深入农村、企业、社区进行相关调研，调动他们的主观能动性和参与性，激发他们的社会责任感，让大学生在实践中深刻体会"四个自信"的科学性、先进性。

（二）完善高校"三全育人"机制，实现"四个自信"在大学生思想政治教育中的深度融合

首先，高校应积极构建"三全育人"机制，努力营造全员育人、全程育人、全方位育人的良好氛围。全员育人，指的就是高校里的每一位教职员工，包括学校的领导、中层干部、专任教师、行政管理人员等，所有人齐心协力，共同推进以"四个自信"为核心的思想政治教育；全程育人，就是要把"四个自信"教育融入大学生从入学到毕业的整个过程中，从大学生进校后的专业教育、主题班会、团课、党课、专业课程学习、顶岗实习环节，直到毕业时的就业指导教育，都要融入"四个自信"的内容，使其在潜移默化中产生效果；全方位育人，指的是对大学生进行"四个自信"教育时，既要发挥传统思政课堂的作用，加强理论宣传，同时也要重视第二课堂的思想政治教育，

把"四个自信"教育融入大学生的各种校园文化活动、社团活动、社会实践活动中。另外，还要占领网络宣传的主阵地，构建校园网络思想政治教育平台，把"四个自信"教育渗透到大学生的学习、生活中。

（三）加强新媒体思政队伍的建设，为"四个自信"思想政治教育工作的推进提供人才保障

1. 提高高校思政队伍对"四个自信"的认识

习近平总书记在全国高校思想政治工作会议上强调，传道者自己首先要明道、信道。高校思政工作者自身首先要加强对"四个自信"的学习和理解，要学得深、学得透，做到入脑、入心；提升"四个自信"水平，树立对"四个自信"的坚定信念，要做到真信、真学、真用；对"四个自信"要有整体的把握，要做到能够用马克思主义的科学观点和方法阐明"四个自信"的历史和实践渊源，解决大学生思想政治教育工作中出现的新问题。

2. 提高高校思政队伍运用新媒体的能力

首先，思政工作者要认识到新媒体给高校大学生思想政治教育工作带来的机遇，加快对新媒体技术的学习和使用，提高自身的新媒体素养，掌握新媒体知识，了解新媒体的特征、优势、劣势，并创新性地运用到高校思想政治教育工作中。其次，思政工作者要创新教育方式方法，改变传统的"教师→学生"单向的灌输式教育模式，利用新媒体工具加强与学生的交流和互动，实现"教师学生"的双向沟通教育模式。比如，可以使用微信、QQ 等新媒体工具，加强与学生的沟通交流，及时了解学生的思想动态和情绪变化。这样的方式淡化了师生之间的隔阂，有益于构建和谐融洽的师生关系，也能提高高校思想政治教育工作的针对性和实效性。

（四）充分发挥新媒体的优势，增强大学生思想政治教育工作的时代感和吸引力

1. 搭建基于新媒体环境下的高校网络思政网络新平台

第一，要加强信息化校园建设。高校要加强校园无线 WIFI 的建设，为搭建高校网络思政工作新平台提供硬件保障。以广西国际商务职业技术学院为例，其通过信息化校园建设，目前已经实现了 WIFI 信号在校园的全覆盖，教师和学生只要登录个人专属账号就能使用校园网络，有效节约了网络思政工作的成本。第二，建立思政工作网站或思政论坛。高校应当充分利用新媒体，搭建思政工作网站，开辟思想政治工作的网络新阵地，专门对"四个自信"进行普及和宣讲。还是以广西国际商务职业技术学院为例，其建立了"赤水青川"思政网站，及时对党的理论、政策、"四个自信"等内容进行主题推送，在学生中起到了良好的宣传实效。第三，建立思政工作微信公众号。当下，手机已经成为大众生活中最重要的传播终端之一，而微信在大学生中应用的普及率达到 95% 以上。高校可以通过建立思政微信公众号，开设"掌上党校""理论前沿""四个自信"等专栏，把前沿的正能量信息传递给大学生，拓宽思想引领的覆盖面，提高思想政治教育工作的实效性与针对性。

2. 建立基于新媒体环境下的高校网络意见领袖队伍

一方面，高校要有意识地加强对思政工作者的培养，增强他们的思想道德修养，坚定他们的政治方向，增强他们的社会责任感，提升他们的职业技能，让他们成为高校思政工作中的"意见领袖"，成为大学生健康成长的指导者和引路人；另一方面，高校还要重视在大学生中选拔网络意见领袖。要关注校园论坛、校园博客、微博、QQ 群、微信群等网络动态，以学生干部、学生党员为依托，选拔一些思想上进、道德高尚、态度端正，并且有一定影响力的学生骨干，发挥他们的模范带头作用，成为学生中的网络意见领袖。网络意见领袖队伍要用"四个自信"的理论引导大学生的思想和行为，形成

正确的舆论导向。

3. 丰富网络思政工作平台的资源

高校要组建由思政工作者和技术人员共同组成的专业队伍，共同开发、建设网络思想政治教育的资源库，丰富网络思想政治教育的内容。内容要健康丰富、形式多样、生动有趣，增强思想政治教育工作对大学生的吸引力，引起大学生的共鸣，将理论带入生活中，加大高校思想政治教育的有效性。以广西国际商务职业技术学院为例，可以利用超星网络教学平台（"学习通"APP），实现在"四个自信"教育过程中师生的交互式学习和交流。比如，把以"四个自信"为主题的教学微视频、微课件上传到网络教学平台供学生学习；开设"四个自信"专题的线上课程，邀请校内校外的专家、学者、企业界的精英等就当前一些社会热点问题与大学生进行互动和交流；利用网络教学平台组织大学生进行"四个自信"的专题讨论等，通过各种新颖、有特色的方法帮助大学生树立正确的认知。

第四节　新媒体环境下大学生网络思想政治教育的创新

随着信息科技的发展，新媒体呈现出新的时代特征。当前的新媒体环境对大学生网络思想政治教育既有积极影响，也有消极影响。这就需要思考如何创新大学生网络思想政治教育来充分发挥其积极影响，避免其消极影响。具体策略是：用新时代中国特色社会主义思想来指导高校网络思政教育的开展；建立高校网络媒体平台管理的新媒体领袖机制和应急机制；培养具备新媒体素养的网络思政工作队伍，实现对他们的系统培训；加强大学生网络道德教育，提升他们的媒介素养。

高校思想政治教育工作具有立德树人的重要职责，而随着网络新媒体的普及，高校网络思想政治教育工作的重要性越发突出，它直接决定着大学生群体网络空间状况的好坏。

大学生网络思想政治教育简单来讲就是指通过网络进行的大学生思想政治教育。它是在互联网日益改变大学生的生活、学习、思维方式的情况下形成的，所以必然以网络技术平台作为传播正确价值观、道德规范、政治观点等的载体，以平等、自由、交互的方式开展教育活动，从而实现有组织地对大学生进行思想政治教育，使他们成长为符合社会发展需要的人才。新媒体环境对大学生网络思想政治教育将产生很大的影响，这就需要高校思政工作者勇于分析新形势新环境，不断创新大学生网络思想政治教育。

一、新媒体的内涵及其在大学生群体中的应用分析

准确把握新媒体的内涵，清楚认识新媒体在大学生群体中的运用特征，有利于我们深入全面地分析新媒体环境对大学生网络思想政治教育产生的影响。同时，这也是思考新媒体环境下如何创新大学生网络思想政治教育工作的前提和基础。

所谓新媒体是相对于报刊、广播、电视等旧媒体而言的。当然人们对于新媒体和旧媒体的划分，也不是固定不变的，会随着互联网和信息技术的进步而变化。所以，从长远来看，新媒体是一个不断随着时代发展而发展的概念，它的内涵必然也会随着时代进步而不断更新。

对于新媒体的内涵众多学者都进行了相应的界定和分析。其中，张建颖认为"新媒体是通过广泛运用数字技术，实现人际间多向互动的新型传播方式和媒体形态"。张亮等则认为新媒体是指"在科学技术发展的推动下，信息传播领域内通过广泛应用数字技术，实现由所有人面向所有人交互地传播信息的新兴媒体"。张朱博指出，"新媒体技术方面的数字化和传播方面交互化使新媒体有了源源不绝的发展动力"。笔者认为，新媒体就是当前社会

以互联网为载体的一种最新的传播媒介，它的"新"主要体现在传播方式上，它利用数字技术和网络技术，通过互联网、手机、数字电视等，来传播多种可视化信息。在当下万物皆媒体的网络时代，新媒体就是人们所生活的环境。

相对于传统媒体而言，当前社会新媒体的主要表现形式为手机媒体、网络、数字电视等。在大学生群体中，运用新媒体的主要形式就是手机和网络。每个大学生都拥有属于自己的手机媒体和网络媒体，他们热衷于运用这些新媒体来了解外部世界，同时展现自己的独特之处。比如，常常更新微博、朋友圈的状态，阅读时事新闻等，已经成为大学生日常生活状态的一个组成部分。由于大学生对于新媒体的出现有着极大的热情，网络上新推出的各种APP软件往往成为大学生所喜欢尝试运用的，这必然会对大学生产生影响。

第一，新媒体在大学生群体中具有较高的普及率。随着信息技术的更新，电子产品更新换代加速，其价格也比以往下降很多，满足了人们对于电子产品的需求，尤其是手机这种电子产品，在大学生群体中已经得到普及。在此背景下，高校也常常通过新媒体来管理学生、发布信息、获得学生的反馈等。

第二，给大学生的日常生活、学习带来便利。网络新媒体的出现，进一步扩大了大学生了解外部信息和发布、共享信息的时空渠道。在大学生群体内部，通常也会形成对比，比如谁能够更快速地掌握第一手信息资料分享给大家，谁能够更快速地搜索大家所关注的社会热点或时事等，满足了大学生时时刻刻使用新媒体的需求。

第三，热衷于在网络媒体平台进行互动交流。新媒体本身就具有交互性的特点，是信息发布者或传播者与受众之间在网络媒体平台进行交流互动的过程，能够满足大学生群体在倾诉、表达、娱乐等方面的需求。他们既可以成为信息的发布者、传播者，也可以是信息的接受者、获得者。他们可以通过新媒体随时随地去接触网络媒介信息，并开展一定的交流互动来展示自己。

二、新媒体环境对大学生网络思想政治教育产生的影响

信息技术的不断更新换代使得信息的载体也发生了巨大变化，新媒体日益占据了人们的生活。"截至 2017 年 6 月，我国网民规模达到 7.51 亿，其中手机网民规模达 7.24 亿，占比高达 96.3%。"而新媒体更是成为 00 后大学生群体的"宠儿"，每个大学生几乎都无时无刻不在抱着手机、平板等移动终端设备，这对大学生网络思想政治教育工作必然产生巨大的影响。

（一）新媒体环境对大学生网络思想政治教育的积极影响

新媒体所特有的互动性、即时性、工具性等特征为大学生网络思想政治教育工作新平台的构建带来便利。新媒体是集数字化技术、网络技术、移动终端设备等于一体的媒介平台，开展大学生网络思想政治教育就可以通过运用这一平台对大学生的思想、行为等产生影响。在网络时代，人人都可以通过互联网平台展开互动交流，人人都可以成为网络信息的传播者和接受者，所以，大学生网络思想政治教育要特别注重构建与学生互动交流的网络社区或网络平台。只有这样，才能及时了解大学生的思想动态，并给予及时的教育和引导。比如，现在各个高校一般都建有易班网络平台、高校网络论坛等，为大学生群体之间以及师生之间的互动交流提供了很好的网络空间。

在当前无线网络日益发达的情况下，新媒体成为大学生了解外部世界的窗口，同时也给网络思想政治教育带来便利。新媒体突破时空限制融入大学生的日常生活学习中，那么网络思想政治教育亦能突破时空限制，让新媒体成为大学生网络思想政治教育的新载体。此外，还需要认识到新媒体本身是一种媒介传播工具，所以在进行大学生网络思想政治教育过程中，要不断开发新媒体作为媒介工具的多种功能，通过多种渠道和方式来开展网络思想政治教育。

（二）新媒体环境对大学生网络思想政治教育的消极影响

新媒体虚拟化、超时空、大众化等特征给大学生网络思想政治教育工作带来消极影响。说到底新媒体属于网络世界，其虚拟性的特点隐藏了很多不为人知的秘密，容易导致网络道德危机，甚至是违法犯罪行为。这就使得大学生网络思想政治教育面临极大的挑战，必须时刻高度关注大学生的网络思想动态。新媒体的超时空性使得大学生能够自由选择使用网络的时间和地点，在这方面他们拥有绝对的自主选择权，也正因为此，很难把握和监控到大学生真实的日常思想行为动态。同时，由于很多大学生越来越喜欢宅在寝室里，通过新媒体来做自己想做的事情，比如，通过网络点餐、网购、学习、看新闻等，这就极大地减少了他们户外活动和与人面对面交流的机会和时间，这对大学生的身心健康发展极其不利。

新媒体环境下，人人都可能成为媒体内容的制造者和传播者，这种大众化的特点获得众多大学生群体的青睐，所以几乎每个大学生都会参与到高校相关的网络社交媒体中，并能够踊跃地参与媒体平台的互动交流，这就增加了网络思想政治教育的难度，很难做到对每个学生个体进行有针对性的网络思想政治教育。在新媒体环境下，每天都有包罗万象的信息内容，纷繁复杂、真假难辨，这就给正处于青春期的大学生带来极大困惑，甚至陷入一种思想困境，同时也削弱了高校网络思想政治教育的权威性。

三、新媒体环境下创新大学生网络思想政治教育的策略

习近平同志在党的十九大报告中指出，"要加强互联网内容建设，建立网络综合治理体系，营造清朗的网络空间"。尤其是在当前新媒体环境下，更需要为大学生营造一个清朗的网络空间。对于现如今的 00 后大学生群体

来说，他们从出生就开始面对互联网，对于网络技术、数字媒体等毫无陌生感，而且适应性极强，他们的这些特点正迎合了当前新媒体环境下高校网络思想政治教育不断创新的内在要求。所以，大学生网络思想政治教育需要不断适应当前社会信息技术高速发展的情况。当前新媒体环境下大学生网络思想政治教育创新需要结合新媒体本身的特点以及大学生运用新媒体表现出来的特点，尽可能地避免新媒体环境给网络思想政治教育带来的消极影响。

（一）用新时代中国特色社会主义思想来指导高校网络思政教育的开展

新时代中国特色社会主义思想作为以习近平同志为核心的新一代中央领导集体的重大理论创新成果，是当前及今后指导我国各项工作的重要思想。在新媒体环境下，大学生网络思政教育的创新也必须以新时代中国特色社会主义思想为指导，把这一新思想全面贯彻到高校网络思政工作中。具体而言，就是要坚持社会主义核心价值体系在高校网络空间的绝对话语权和主导权，要让大学生每次运用新媒体的时候，都能感受到互联网对于核心价值体系的宣传广度、深度、力度是非常大的。

实现在新媒体环境下大学生网络思政教育的创新，离不开新时代中国特色社会主义思想的指导。用新时代中国特色社会主义思想占据高校网络空间，能够确保高校网络文化发展的社会主义方向，为大学生提供一个健康向上的网络文化环境。这就需要在大学生群体中，通过新媒体来大力传播社会主义核心价值体系，鼓励或激励大学生去积极培育和践行社会主义核心价值观。比如，可以专门建立一个"中华优秀传统文化问答"的网络有奖互动平台，让更多的大学生了解我国的优秀传统文化，积极主动地培育和践行社会主义核心价值观，从而建立文化自信；或者可以将核心价值观的内容作为一个链接与其他主流网站的链接融合起来，学生只要点击相关的网站链接，有关核心价值观的内容就会率先被打开，之后才跳转到原本的网站。

（二）建立高校网络媒体平台管理的新媒体领袖机制和应急机制

高校需要不断创新和完善校园内部的网络平台，吸引更多的大学生参与其所在高校网络平台的交流互动。通常高校为了让学生能够全面认识学校，都会建立一个专门的网络媒体平台，统一管理学校的信息发布，同时也为了能够及时了解学生的思想行为动态，避免网络群体性事件的发生，高校需要在网络平台培养有威望的发言人，建立"新媒体领袖"机制。新媒体领袖的职责就是及时关注学生群体近期特别关注的问题和事件，并且能够在第一时间反映问题和事件的真实性，不给虚假信息以可乘之机。这里的新媒体领袖从根本上来讲，就是大学生网络思想政治教育的主要工作者。所以，高校网络平台的新媒体领袖还需要适时地传播正确的价值观，引导积极健康的网络舆论导向。

高校网络媒体平台管理除了需要建立新媒体领袖机制，还需要建立相应的应急机制。新媒体所特有的开放性、虚拟化的特点，使得一些鱼龙混杂的信息在新媒体平台肆意流传，一些不良信息不可避免地会被学生看到，这就给大学生的价值观和心理健康造成一定困扰，也给大学生网络思想政治教育带来极大挑战。所以，高校需要建立网络新媒体应急机制，对于校园内部的网络媒体进行严格把关，及时过滤和清除不良信息，并针对有可能发展为网络群体事件的新媒体平台进行严格监控。此外，还需要针对新媒体突发事件制定出切实可行的应急方案，使得高校对于网络媒体的突发事件有足够的应变能力和把控能力。

（三）培养具备新媒体素养的网络思想政治教育工作者队伍

高校的网络思想政治教育工作任务繁重，也对思政教育的工作队伍提出了更高的要求：不仅要具备足够专业化的思政教育素养，而且也必须具备网络新媒体素养。在当前新媒体环境下，尤其需要他们熟悉网络新媒体的发展特征，对相关专业技术能够熟练运用。此外，由于新媒体具有一定的时代性，所以网络思政教育需要不断与时俱进，这就需要高校建立常态化的网络思政教育工作队伍培养机制，实现新媒体环境下大学生网络思政教育的可持续性。

在对网络思政教育工作队伍开展系统培训时，需要做到下述几点。第一，更新思想观念。大学生的"三观"状况如何，直接受到高校思政工作者的政治素养状况的影响，所以首先必须提升他们的政治素养。第二，提升新媒体信息技术水平。新媒体的更新换代速度很快，必须紧跟时代发展步伐，不断提升他们的新媒体信息技术水平，通过新媒体实现对大学生的网络思政教育。第三，培训沟通能力。网络思政教育主要是做人的工作，离不开与学生之间的沟通交流。实现有目的的沟通需要一定的技巧，所以需要对他们的沟通能力和网络人际交往能力开展科学培训。第四，培养综合素质。因为如今网络思政工作呈现多元化、专业化发展趋势，这就要求他们必须全方位提升自己的素质，比如，人际交往能力、创新能力、网络技术能力等。

（四）加强大学生网络道德教育，提升他们的媒介素养

大学生的网络道德状况如何直接决定了高校网络空间环境，所以有必要加强大学生网络道德教育，让他们自己避免新媒体环境带来的消极影响。一方面，需要着重培养学生在网络媒体环境下各种思想行为的是非观念，对此，高校可以出台相应的大学生网络行为规范，或者通过宣讲，来提升他们对媒体信息的鉴别力；另一方面，要求大学生能够将网络道德真正运用到实践中，自觉遵守相应的网络道德规范，远离网络语言暴力。

新媒体环境下创新大学生网络思政教育离不开对大学生媒介素养的提升。当前网络新媒体上传播的信息海量又多样，对于善于接受新鲜事物却又缺乏一定辨析能力的大学生来讲，极易受到不良信息的负面影响，这对大学生的成长是极其不利的。所以，需要着重提升大学生的媒介素养。媒介素养指的是人们身处多种媒介信息时候的一种选择、判断、辨析、创新等能力。

提升大学生的媒介素养，就是有针对性地提升大学生对媒介本身的认识和理解。一方面，由于部分大学生对媒介具有超强的认同和依赖性，通常对媒介信息是选择全盘接受，不具备一定的辨析和批判能力，这就需要让学生认识到媒介本身和媒介信息二者的不同，让他们看到媒体信息的良莠不齐，所以必须带着谨慎质疑的眼光来看待；另一方面，还应该让学生意识到媒体信息所携带的不同价值观念的传播，需要他们有意识地去辨别和抵制错误价值观，自觉接受和宣传社会主义核心价值观。

第五章　微时代背景下高校思想政治教育创新

第一节　微时代大学生思想政治教育话语权构建

随着国家对素质教育要求的越来越高，各类学校都非常重视对学生的政治素养和思想品德的培养，高校也不例外。该文主要论述了微时代对学生思想政治教育话语权的内涵，指出了大学思想政治教育在微时代所面临的挑战，最后指出了大学思想政治教育不应躲避微时代所带来的影响，而是应该直面挑战、积极应对，通过一系列措施来不断构建权威、高效的思想政治教育话语权，最终不断增强大学生的思想政治水平。

目前，我国已经进入信息流通高度发达的微时代，在这个时代社会公众话语权的开放性与公开性达到了前所未有的高度，这也影响到大学教师与学生，影响到大学思想政治教育，这无疑对大学传统的思想政治教育模式和方法都产生了非常大的冲击。高校教师在对大学生进行思想政治教育时，必须创新教学方式，丰富教学模式，借助学生喜爱的网络媒介，使思想政治教育与微时代有机结合，才能得到学生的欢迎，才使这项工作能实实在在地提升大学生思想政治水平。但由于涉及形式多样、变化无穷的网络和现代信息技术，所以对教育话语权构建的要求非常高，这就需要新时期的高校思想政治教育工作者具有较强的理论知识素养，较强的思维应变能力，较高的路径创新能力。下面，笔者结合自己的工作经验，谈谈在"互联网＋"的背景下需要通过哪些有效路径来构建大学生思想政治教育的话语权。

一、微时代大学生思想政治教育话语权的概述

话语权属于意识形态范畴，是社会意识形态的一种工具，是一种信息传播主体的潜在的现实影响力。思想政治教育所对应的话语权主要指的是一个国家的核心价值观，是一个国家政治利益和公民利益的最佳融合点，是国家长治久安、社会和谐稳定的软实力保证。在信息技术及网络技术高度发达的微时代进行思想政治教育，必须要始终坚持正确的主导思想。大学生思想政治教育话语权指的是高校对大学生进行思想政治教育的时候，能有效驾驭意识形态和教育引导。随着网络、微信、公众号、微博等融媒体的迅猛发展，使信息的传播速度和广度达到了一个前所未有的高度。在微时代真正实现了随时随地了解新闻、了解咨询、学习知识的目的，所以，在微时代进行大学生思想政治教育具有全新的意义和内涵，需要把握住正确的教育话语权，以此来实现在微时代的视域下大学生的思想政治水平得以又好又快地提升。

二、微时代大学生思想政治教育话语权面临的困境

（一）思想政治教育话语的引控能力下降

大学生思想政治教育在很长一段时间里都在采用"灌输"式的教学方法，即教师在传授德育知识、学生单纯地接受德育知识，教师牢牢把握住教育话语权。随着微时代的到来，学生了解思想政治知识的途径在无限增多，但同时一些不正确、不科学的意识形态也在入侵大学生的大脑，这些非主流的意识形态影响着大学生政治站位、政治意识、思想品德、品行修养，教师的话语权在逐渐减弱，这时如何剖解这个难题，如何借力发力成为高校思想政治教育工作者迫切需要解决的，只有解决了这个问题，高校才能重新构建良好的思想政治教育话语权。

（二）微时代对思想政治教育工作者素质提出了更高的要求

在微时代，信息突破了时空的限制，这种现象使信息接收者的理论水平和知识素养都能得到较大地提升。在高校思想政治教育实践中大学生正是由于微媒体的作用而使自己的思想政治水平迅速提升，这种提升也对思想政治教育工作者提出了更高的要求。要紧跟时代步伐，积极接受新理念，提高自身的思想素质、文化素质、道德素质，以便加大其话语对大学生的吸引力。

三、微时代大学生思想政治教育话语权构建的有效措施

（一）转变思想观念，顺应时代教育潮流

目前，我国高校在校学生以新世纪前后出生的年轻人为主，他们都是成长于电子信息时代的孩子，都非常喜爱电子产品也热衷于通过网络获取自己需要的知识，所以他们更喜欢通过网络来学习思想政治理论知识。因此，高效思想政治教育工作者在开展思想政治教育的时候要充分认识到这一点，并能把这个现象转化成有益于自己开展教育的工具和媒介。

例如，笔者在开展思想政治教育活动的时候，会充分借助学生都喜欢通过微信交流和了解信息的特点，特意申请了一个微信公众号，并把公众号分为几个板块，主要包括社会主义核心价值观板块、法律板块、党的理论方针板块、道德模范板块、交流区等，每一个板块都有专门的管理员负责信息的更新、维护，并同时创设一个点名簿，每天都要求学生打卡学习。这种方式远比枯燥乏味的教材学习效果要好得多，通过一段时间的推行，笔者所在班级学生的思想品德、道德情操及政治素养都得到非常高的提升。

高校思想政治教育工作者在开展思想政治教育的时候一定要善于转变教育思想、接受新鲜事物，善于借助现代信息技术和网络来开展教育活动，用学生乐于接受的方法和他们沟通、相处、互动，真正做到成为大学生的良师

益友。

（二）更新工作方法，善用网络媒介

高校思想政治教育工作者在开展思想政治教育的时候除了要转变教育观念之外，更要主动了解网络和微时代，积极学习最前沿的智能终端设备，并能与学生相互学习，打成一片。由于网络技术的迅猛发展，网络语言也在日新月异地变化着，而且学生都热衷于这些网络语言，如果教育工作者想通过网络来开展思想政治教育就必须了解这些网络语言，就必须了解学生的思想和生活。因此，高校思想政治教育工作者应主动了解网络语言，把握相关的流行趋势，以此来高效开展思想政治教育活动。

例如，当前各种直播充斥网络，学生在学习之余也比较喜欢观看，笔者会充分认识到这一点，把直播和思想政治教育有机融合起来，主要的方式就是在一些优秀学生开展公益活动的时候，让他们采取直播的形式，让没有参与的学生感受到这项工作的力量，感受到人民群众对公益人的赞美，在不知不觉中也影响到这部分学生，当下次再有公益活动的时候他们也会积极参与其中。这种效果远比笔者苦口婆心地劝说要好很多。

思想政治教育的特点是潜移默化的、长期的过程，而不能是强制性和一朝一夕就能养成的，如果采取不正确的教育方式，有可能还会适得其反，不仅不能取得效果，还会引起学生逆反心理。而通过当前流行的网络用语和传播模式，学生都比较喜闻乐见，也会在不知不觉中提升了思想政治水平。

（三）线上线下融合，升华教育主题活动

高校思想政治教育工作者在开展网络思想政治教育活动的时候，一定不能忽视线下的教育功能，否则的话会出现纸上谈兵的误区。要深刻认识到线上和线下各有优势，而且必须相互配合才能取得应有的成效。线上主要就是理论宣传，线下就是将这些理论转化成实践，从而不断升华网络教育的功能。

例如，笔者在引导学生学习社会主义核心价值观的时候，这短短的24

个字学生很容易就记住了，但有很多学生不明白它们的内涵，这时笔者就会充分利用网络，把从网上收集到的有关小视频转发给学生，让他们了解这些词语背后的含义，知晓这些词语的内涵与外延。这样学生就能很好地认识到社会主义核心价值观，但这仅仅是纸面上的，要想把这些纸面上的转化成自己内在的，必须去实践它们、运用它们。这时笔者会要求学生走出校园、走进社区、社会去践行这些要求，最终提升了学生的思想政治水平。

高效思想政治教育工作者在进行思想政治教育的时候一定不能脱离实际，要多开展些主题实践活动，加强对大学生进行道德教育。

综上所述，在微时代背景下，高校思想政治教育工作应充分借助微媒介优势，并将其科学引导作用充分发挥出来，要根据微时代的特点及学生的成长、发展需要制订出具有科学性和针对性的教育计划和教育目标，引导大学生树立科学正确的价值观。同时，高校思想政治教育工作者也要加强自身素质的提高，为建构高校思想政治教育话语权奠定坚实的基础。

第二节　微信媒介时代的高校大学生思想政治教育

众所周知，大学生使用微信交流应用的频率是微信受众群体的主要对象之一，随着微信使用者越来越广泛，微信用户及微信传播信息量等都涵盖了不可获知的因素，本节对于微信传播体系下，高校大学生思想政治教育方向、教育内容等进行了一些探索研究，对于微信流行状态下带来的隐患进行了分析，提出了对策。

微信的到来把人们的沟通方式带入了一个全新时代，然而，微信的频繁和多元化使用方式，对于大学生群体来说，仍然有着一些消极影响存在。作为高校的思想政治教育工作人员，有必要进行相关的探索和研究。

一、微信工具使用特点

（一）微信注册门槛较低，使用主体人群广泛

微信用户注册，只需要有手机客户端即可，注册用户通过手机号、邮箱号、QQ 号绑定等即可成为用户，微信使用人员只要使用手机流量便可以随时进行信息交流、信息更新、发布、信息接收、信息传播及信息评论等行为，并且具有即时性。

（二）微信传播内容多样化

微信支持多种格式的信息，兼容性较好，兼顾了报纸、电视等特点，并能够自主地传播，不拘泥于特定形式，对于视频、文字、音频、动画等内容都可以作为微信的传播对象，也可以使用小动画等，内容丰富多彩。

（三）微信传播速度便捷快速

目前，手机、平板电脑等设备除移动数据外，可以及时获取 wifi 信号，因此，可以随时随地地使用微信进行及时联系，如有现场情况，亲临的人便可以录制或者描述情况发个朋友圈分享给大家，或者直接发给相关人。

（四）微信传播模式比较自由

目前，微信尚无信息拦截、信息筛选等功能，因此发布信息者对于发布的信息内容的自由度比较大，只要是发布者所关注的信息、观点、文章、图片等都可以发布到朋友圈，并引起大家对其关注、点赞、评论。

二、微信的使用对大学生思想政治教育带来的困境

据不完全统计，目前大学生使用微信，并长时间停留在微信中的频率较高，百分之九十以上的学生是微信的使用者，而且使用者中的百分之八十以上学生是每天长达 5 小时在线上进行交流，还有百分之二十的学生甚至全天在线。微信使用者构成越来越复杂，一些传播负能量或者传销等媒介也会通

过微信平台进行宣传使用，并获取受众群体，而大学生对于负面信息的甄别和筛选能力有限，甚至会受其蛊惑，影响其本质情绪和状态。

（一）大学生意识形态初期难以甄别掌控正确的方向

大学生的大学期间是其人生从成熟走向发展的一个特殊时期，在这个时期，大学生们的三观尚未有一个稳定的状态，比较容易受到外界事物的影响，微信宣传和一些公众号的导向舆论，使得大学生不容易辨别是非，对于一些思想经验及现实交流过程的同时，一些未经过滤的负面信息或者不全面信息很容易影响大学生的思想状态，对大学生的人生观、世界观等存在冲击，并严重影响大学生的一些政治信念、爱国情感和社会主义核心价值观念等，危害严重，比如，长期在负面情绪影响下的一些极端行为。

（二）大学生的一些传统思想地位有所降低

以往传统的思想政治教育包括一些思想政治方面的教育宣传、相关讲座、理论系统学习等，并且有具体的时间和地点保证大家对于思想政治教育方面的学习。在学习的过程中，进行传授教育的老师们会精心选择一些资料，针对大学生的情况进行教育和传授知识，并进行相关的一些培训和指引，用来保证大学生能够有一种正确的思维观念和价值理念，属于被动方式的学习方法。

微信的兴起，使得这种被动地接受知识的局面有所转变，呈现了一种主动学习状态，大学生们对于信息的获取、知识的接受和熏陶有了一种更为自由的时间地点和灵活的学习方式选择，学生们更容易接受和认可这种蝴蝶教育的方式，传统教育的自上而下的思维模式就得到了一种改善，也不再处于尴尬的教育状态，同时，作为接受教育的大学生群体在这种对比下，对于传统模式就更有了一种抵触情绪，这样传统的教育模式受到了冲击和动摇。

（三）对施教者的综合素质要求有了更高的要求

大学生思想政治教育的实施者即思想政治教育的主体在教育的过程中起

着决定性、主导性的作用，因此不仅要求他们具备较高的政治理论素质、思想道德修养、科学文化素养和沟通表达能力外，微信的发展又增加了新的要求即网络通信技术和对新型通信工具的掌握。只有熟悉了为大多数大学生所运用的通信工具，才能更好地与大学生进行沟通交流，掌握他们的思想动态。

（四）培养朋友面对面的关系

微信的沟通方式更为自如和自由，而且信息传达的即时性和多样化，使得同学们之间的联系更加快捷和方便，那种以往传统模式的聚会、交流、沟通等群体活动就会显得吸引力差，人们之间的交流方式有了新的选择和便捷方式，传统的那些学生之间、学生与老师之间的面对面交流机会也会越来越少，因此大学生们更多的是在低头用手机，宅在寝室或者喜欢的地方，而不是出门去与大家活动和交流，甚至消极的面对一些学生会、班会等的组织活动，不去参加面对面的活动，这样对于大学生的性格等形成极为不利。

三、微信时代大学生思想政治教育对策探索

"随着时代的变化不断更新评价标准，破除偏见，全面、整体、宽容地看待青年的主流及其变化，是引导和构建青年价值观的前提和关键。"微信的使用和推广已经成为一种必然趋势，高校大学生思想政治教育只有保持科学的思维、采用科学的有效的引导方式，与时俱进，使得大学生保持一个良好的世界观、人生观、价值观，不受冲击，并在使用中受益。

四、全面培养普及媒介使用，提高大学生的媒介使用素质

20 世纪 80 年代后期，一些西方国家，如英、美、加拿大、澳大利亚等已经在教育体系中引入了媒介素养教育，政府部门也对于媒介素养教育做了一些相关的条文规定，要求学校，包括小学、中学和大学都应开设媒介素养

教育相关课程，或者在一些学科中加入媒介素养教育内容。在我国，媒介素养教育仅仅是一些高校新闻传播的专业必修课，并没有作为一个大众学科普及在高校思政教育工作中，在媒体快速发展的今天，大学生对于媒介信息的甄别能力有待于提高，对于媒介信息的冲击力辨别力也需要有专业的培训和培养，因此高校应当重视大学生的媒介素养教育，将媒介应用的素养教育作为大学生的一门必修课程，进行系统的学习和掌握，并通过一系列实践课程进行强化训练，普及大学生的明辨是非能力，使得大学生有一个合理、正常的微信使用状态。也能够在未来微时代出现时，不再受一时的冲击。

五、培养大学生生活自律能力，构建自我约束体系

2013 年 8 月我国召开互联网大会倡导全国互联网从业人员、网络名人和广大网民遵守法律法规、社会主义制度、国家利益、公民合法权益、社会公共秩序、道德风尚和信息真实性"七条底线"，提高网络自律意识。这七条底线自律意识条文对于大学生也具有广泛的适用性，作为大学生思想政治教育工作者，同样要注意强调大学生使用微信的约束力，控制大学生使用微信的时间，避免沉湎于微信而耽误课程，误导观点，多种途径降低大学生对于微信的使用和关注度，微信的使用在某种情况下也降低了学生的课堂注意力和集中力，因此也要在课堂中严格控制使用。同时，学生对于消息的辨别能力也要不断地进行训练和强化意识，比如要求大学生对于转发的信息要有来有据，不能任意转发信息。再次，提高大学生生活的自律自理能力，作为一个积极乐观的群体，提倡大家发一些正能量信息，对于负能量或者低俗信息进行抵制，对于出现负面信息传播信息的大学生群体进行及时的关注并引导。提高大学生的信息辨别能力和网络媒介的筛选能力。

第三节　微时代背景下大学生隐性思想政治教育功能

　　大学生隐性思想政治教育作为传统的显性思想政治教育的有益补充，对培养学生正确的思想观念与行为文化，起了不可忽视的作用。而以微博和微信为代表的微时代背景下的到来，对隐性思想政治教育功能发挥提出了新的挑战。本节论述了隐性思想政治教育的特点，并对微时代背景下隐性思想政治教育的功能实现路径进行探讨，提出建立"微"队伍、搭建"微"平台、创新"微"方法等实现路径。

　　隐性思想政治教育是相对于显性思想政治教育而言，通过潜移默化的方式来感染学生的教育方式，就其内涵来说，它没有系统的学科规范，教育者可以通过文化活动、微时代等辅助工具，将教育内容以学生喜闻乐见的方式渗透到学生的日常生活中。随着社会和科学技术的发展，网络成为人们生活、学习和工作必不可少的交流平台。微信、微博等微传播媒介的快速发展，打破了原有单一互联网技术支撑下的时空局限，因此，在"微"时代背景下，将微网络载体融入高校思想政治教育工作中，发挥微网络载体的隐性思想政治教育功能成了新形势下加强和改进大学生思想政治教育工作的一个全新的课题。

一、大学生隐性思想政治教育的特征

　　教育内容的渗透性与隐蔽性。在实施隐性思想政治教育的过程中，教育内容的传递方式更加隐蔽，教育者通过既定的教育氛围，让受教育者在无意识的情况下感受思想政治教育的功能，并使主客体发生双向互动，进而发挥隐性思想政治教育渗透功能和潜移默化作用，在教育内容的设置上，体现了其"润物细无声"的特点。

教育方式的多样性与超时空性。隐性思想政治教育方式，突破了传统的以说教为主导的教育方式，将教育的形式延伸到具体的情境中，使教育方式更加多样。同时，在时间和场所上，突破了时空限制，教育者无须局限在固定的上课时间和地点传授和灌输设计好的教育内容，而是使教育随时随地进行，体现了超时空性。

教育效果的全面性和无意识性。传统的显性思想政治教育，提前设置教育目标，通过制度和精神层面开展教育，而隐性思想政治教育，更多的是将活动建立在无意识的状态下，通过有意识地暗示和无意识地引导，让受教育者在无准备的情况下接受教育，甚至是让学生自主感悟，因而其在教育效果上更加体现全面性和无意识性。

二、微时代背景下对大学生隐性思想政治教育功能的影响

拓宽了高校隐性思想政治教育的渠道。在思想政治教育工作中，长期以来都是以传统的显性教育为主导，隐性教育往往被忽视。但随着大学生价值取向的多元化与生活方式的多样性，微平台成为大学生课余普遍使用的重要载体，目前，大多数高校都已创建了属于自己的思想政治教育工作平台，并且将其与其他的高校平台进行沟通交流，既推动了隐性思想政治教育工作的发展，也通过内容的沟通达到教育内容共享的目的。此外，隐性思想政治教育本身就是一种无意识的教育，当前微平台的普遍使用，在内容极块上，更加具有个性化特色，具有十分鲜明的真实性和思想性，微平台"不受时间和空间的限制，恰与隐性思想政治教育的非时空性相一致"，因此，微时代背景下的到来将相关栏目融入学生能够接触到的平台中，既保持了网络化的特色，也拓宽了隐性思想政治教育的内涵和渠道。

搭建了高校隐性思想政治教育的桥梁。隐性思想政治教育在特点上体现了高度的自主性和极强的渗透性，其中，朋辈教育在思想内容的传达方面发挥着不可忽视的作用。微时代背景下文化的传播在很大程度上是在同辈群体间，在具有相同背景或具有共同语言的青年学生间进行，为大学生隐性思想政治教育工作提供了传播媒介。另外，微时代背景下的到来，"为朋辈之间进行对话式的思想交流和碰撞建造了一个方便沟通的桥梁"，微平台让信息传播的"蝴蝶效应"日益铺开，许多同辈群体中的草根"意见领袖"产生，通过消息的转发、微内容的更新，在大学生中建立了"微朋友圈"，从而实现以信息为中心的朋辈聚集网，而微平台信息公开传播的开放性使其隐性思想政治教育的功能更加强大。

加大了隐性思想政治教育的难度。随着手机客户端技术的革新，大学生日渐成为微时代背景下最积极的践行者和体验者，微载体迅速占领高校思想政治教育的高地，与之相伴的是，"信息碎片化"特征也日益明显，校园信息的发布和使用空间的自由让微时代中的许多"无过滤性"信息被以不同方式重新排列组合、编辑重组，导致微载体具有不可控制性。同时，自媒体传播特点降低了信息传播控制力，对当前高校重点建设的以传播社会主义意识形态为主要内容的思想政治教育提出了挑战。大量鱼龙混杂的碎片化信息充斥着学生的思想，很大程度上抵消了思想政治教育已实现的部分预期效果，因而，微时代背景下的到来也给高校的隐性思想政治教育工作的舆论引导增加了难度。

三、微时代背景下实现大学生隐性思想政治教育功能的路径

建立"微"队伍，发挥预警监测功能。微时代背景下高校思想政治教育内容多样，需要推进思想政治教育工作者的理念创新，选拔建立一批专门负

责微博、微信等微平台的信息维护与监控工作的信息员"微"队伍，与学生建立沟通。学习"微语言"及"微沟通"技巧，主动拉近与学生间的距离，同时，引导学生规范使用微传播媒介，在内容方面，将网络谣言及负面信息进行过滤，对有教育意义的微案例进行重新编辑，以更加贴近学生实际的方式呈现，营造一个安全、健康的微网络环境。通过微队伍，建立"微课堂"，实施"微教育"，进而发挥隐性思想政治教育的预警监测的"微功能"。

搭建"微"平台，发挥价值导向功能。近几年，微博、微信等形式精简、使用便利的微平台正成为当前大学生获取信息、交流思想的重要平台，这为微时代背景下高校隐性思想政治教育功能的发挥提供了新思路，隐性教育功能的发挥要依靠微平台，这已成为思想政治工作者的共识。在"微"平台的建设中，要注重线上信息的时效性和联动性，定期发布和接收微时代信息，同时，通过对微平台信息的关注，与大学生用户群体建立良好的互动关系，互通有效信息，将具有针对性、感染力和哲理性的信息在线上传播，扩大信息的覆盖面和渗透度，将隐性思想政治教育的价值功能发挥到最大化。

创新"微"方法，发挥实践教育功能。"差异化、多元化的文化大背景更要求高素质、高能力、高标准的复合型人才。"在这样的时代要求下，隐性思想政治教育仅依靠"微"平台和"微"队伍远不能满足工作创新的需要，还应创新思想政治教育"微"方法，结合社会生活实际，实现教育和社会接轨，发挥隐性思想政治教育的实践功能。在具体方法的操作方面，要将微载体与思想政治教育的典型教育法、自我教育法和激励感染教育法相结合，选取正面榜样进行示范引导，选择负面典型进行反面警示，同时利用微载体加强学生的自我教育，引导学生自主发现问题、分析问题、解决问题，在潜移默化中发挥隐性思想政治教育的功能。

第四节 微时代背景下视域下大学生网络思想政治教育

在微时代背景下，微博、微信等相关媒介的广泛使用，改变了传统的"以课堂为载体"的思想政治教育模式，教育信息的传播方式和手段也更加灵活多样。以"教师为主导"的"说教和灌输"变成由更多学生参与的"互动和交流"，枯燥乏味的"理论教条"变成图文生动、形式灵活的"感受和体验"，一定程度上改变了传统的思想政治教育所受到的时间和空间上的限制，向着更加宽广、多元和现代化的方向迈进。思想政治教育的实效性也大大增强。

微时代背景下的显著特点就是网络信息资源不仅内容丰富，而且传播和更新的速度很快。青年大学生通过网络，能够及时了解世界最新的发展动态，获取丰富的信息资源，学到先进的科技知识。高校的思想政治教育工作者要充分利用微时代背景下的网络优势，学习借鉴国内外先进的教育理念，不断获取丰富的教育资源，发掘更多的"网络载体"，以喜闻乐见的形式，让大学生在轻松自由的虚拟空间接受科学有效的引导和教育，不断提高网络思想政治教育的质量和水平。

首先，网络快速的信息传播和丰富的共享资源，突破了传统思想政治教育的时空制约，使教育活动更加及时和便捷，极大地增强了思想政治教育的时效性；其次，网络沟通的交互性和隐匿性实现了教育主客体间的平等交流，增强了大学生的主体意识，加上网络舆论群体的同质性和群体效应，使得教育过程更易接受；再次，受教育者在虚拟的网络空间里，易形成共享、平等、高效等新的价值理念，对大学生思想道德的形成具有积极影响，极大地增强了思想道德教育的效果。

网络媒体的超时空性，可以使学校、家庭、社会等都参与到大学生的思想教育中。通过德育网站、博客、QQ 群、微博、微信等多样化的现代信息形式，形成以家庭教育为基础，以学校教育为主体，以社会教育为依托，以自我教育为重心的四位一体的教育体系，形成全社会共同育人的教育合力。通过教育系统内各构成要素及其与环境系统间的相互联系、相互协调、相互作用，使学校、家庭、社会和自我教育一体化，建立一个多层次、全方位、立体化的思想政治教育管理网。

一、微时代背景视域下高校思想政治教育面对的挑战

教育理念的"一元主导"和教育过程的"教师主体"地位受到冲击。网络信息资源的丰富性、多元化和泛滥性，使得以美国为首的西方发达国家凭借其在网络信息传播上的垄断地位，对大学生进行"西化"影响，妄图搞和平演变。这种网络社会的"文化霸权主义"使我国传统思想政治教育中坚持的马克思主义"一元主导"的理念和主流价值观受到冲击和挑战，对青年大学生的价值观和道德观选择，产生了一定的错误引导，一定程度上增加了思想政治教育的难度。

传统的思想政治教育以课堂理论"灌输"为主，信息的来源渠道相对狭窄，但随着微时代背景下的到来，青年大学生可以通过微博、微信、BBS 等网络平台获得大量的信息和资源，渠道更加宽泛，形式更加灵活多样。而且网络媒体为大学生进行平等的交流、表达观点提供了交互性的平台，使传统德育过程的"单向性"逐步被"互动交流"的德育方式代替。

教育内容的"可控性"和教育方法的"单一性"面临挑战。传统的思想政治教育由于"时空"的局限性，主要采取课堂讲授、开展讲座、个别辅导、树立典型等教育方式，对青年大学生进行马克思主义思想和理论的宣讲，以此引导青年大学生树立正确的世界观、人生观、价值观、道德观和法治观。整个教育过程具有很强的可控性。但随着微时代背景下的到来，信息传播的

泛滥性和隐蔽性，一定程度上加大了培养正确舆论导向的难度，使高校思想政治教育工作的主旋律受到冲击。

随着网络的普遍应用和微时代背景的全面来临，传统的思想政治教育理念、教育模式和教育方法都受到严重的冲击和挑战，思想政治教育工作不再是单纯的"灌输"和"说教"，而是平等的"交流"和"对话"，思想政治教育工作者不再"思想的权威"和"教育的主体"，而是提供"影响"和"引导"的领路人。青年大学生不再是"被动的接受者"，而是"主动的学习者"。

教育者现代技术能力的"欠缺性"和学校管理的"有限性"急需改善。在网络信息时代，大学生通过网络能够获得大量的信息，思想政治教育工作者自身的信息优势地位逐渐削弱，加之一些教育者自身的知识结构单一，现代网络知识和灵活运用网络技术的能力欠缺，导致思想政治教育的改革和创新遇到挫折。因此，加强思想政治教育队伍的建设，造就一支高素质的教师队伍是信息时代思想政治教育发展面临的一项严峻的挑战。

网络社会具有复杂、多变和不可控性等特点，是一个难以实现规范制约的虚拟社会。网络社会的无序性和信息的泛滥性也给高校的大学生监督管理工作带来了很大的困难。面对复杂的网络环境，强化网络安全意识，规范网络管理，健全和落实网络规章制度，是加强校园网络管理的重要任务，也是健全校园网络文化的主要方法。

大学生的"人际交往"和"品行素养"受到影响。网络社会的进一步发展，使传统的人与人之间"面对面"的直接交流发展为以机器为媒介的突破时空障碍的"虚拟"交流。青年大学生通过网络，在"虚拟"的环境中以"隐形的自由人"的身份在网上任意操作。导致人与人之间的隔离增大了，近距离的交流和碰撞消失了，人际交往的间接化和符号化，易使大学生趋向于封闭、孤立、自私、冷漠和非社会化，造成人际关系淡漠和交往障碍。

微时代背景下信息传播具有不确定性和难以控制性。一些垃圾信息、不良信息、虚假信息和黄色暴力信息等，以文字、图片、视频等各种形式充斥着网络。对青年大学生产生了不良的影响，甚至是错误的引导。加之互联网的隐蔽性和缺少有效的监督，一些大学生自制力较弱，极易放纵自己的行为，忘却社会责任，丧失道德观念，导致不道德行为和违法犯罪行为增多。

二、微时代背景环境下进行思想政治教育改革和创新势在必行

微时代背景的来临，改变着青年大学生认知世界、学习交流的方式，根据青年大学生自身的特点和网络的优势进行思想政治教育的改革和创新，既是时代发展的必然要求，也是高校思想政治教育改革的必然选择。

微时代背景视域下进行思想政治教育改革的必要性。微时代背景的到来，使"网络思想政治教育"成为研究的热点，一定程度上推动了"网络思想政治教育"不断向前发展。但由于客观局限性，仅是将网络作为思想政治教育的一种有效"载体"，而缺乏整体性的研究。而且在具体的实践教学中，没有充分体现"网络技术"在思想政治教育中的应用价值。很多研究只是停留在理论层面，缺乏具体的实践和长期实效的监测和跟踪。最终流于空洞的理论形式。

因此，在微时代背景环境下，对大学生进行思想政治教育要根据大学生的身心特点和教育过程中遇到的实际问题，有针对性地进行教育研究。要充分发挥"网络思想政治教育"的优势，创新网络教育的途径和方法，完善网络教育的体系和内容，建立网络教育的长效机制，引领网络思想政治教育更好地向前发展。

微时代背景视域下进行思想政治教育创新的可行性。微时代背景环境下，网络以其交流的开放性、信息获取的自由性，使得思想政治教育工作突破了时间和空间的局限，成为对大学生进行思想政治教育的重要媒介和途径。

微博、微信等的广泛应用加之教育工作者对微时代背景相关媒介的重视，使得青年大学生学习的积极性和热情不断高涨，高校的思想政治教育工作也取得较好的教学效果。

思想政治教育工作者在教学实践中，充分利用微博、微信等"微平台"，及时了解社会的最新发展动态和学生的思想状况，结合社会热点和学生的兴趣点有针对性的进行教学设计和规划，思想政治教育的效果明显增强。通过微电影、微视频、微小说等"微媒体"形式，让学生在喜闻乐见中认知世界，树立正确的思想观念和道德观念。通过网络论坛（BBS）、QQ、微博、微信等网络平台进行交流和对话，引导大学生进行自我认知和教育。这些都为"网络思想政治教育"的创新和发展提供了现实可能性。

开展大学生网络思想政治教育工作是一项长期而艰巨的任务。不仅需要高校的思想政治教育工作者在教学实践中，根据学校人才培养模式和大学生的具体实际进行教学的改革和创新，还需要政府、社会、家庭和大学生自身的共同努力，建立网络思想政治教育的长效机制。只要我们立足客观实际，敢于实践，勇于探索，就一定能在现有的基础上实现思想政治教育的创新和不断向前发展，真正发挥和实现思想政治教育的"实效性"。

第五节 微时代背景视域下大学生思想政治教育的培养

微时代背景下信息传播的开放性、即时性、平等性和互动性等特点在给大学生思想政治教育带来机遇的同时也带来了挑战。高校思想政治工作队伍应基于微时代背景下的特征和新的信息传播方式，积极创新大学生理想信念教育。学校要加强网络道德建设，促进思想政治教育的"微"融入；重视校园网络文化建设，加强大学生思想政治教育的"微"效果；提高教育者素质，推进大学生思想政治教育提升的"微"实效；增强大学生对优秀传统文化的认同，推动传统教育与互联网的"微"融合。

媒介化生存环境下，各类智能化、碎片化、拟态化的新媒介载体的应用加深了人们日常生活中的媒介化依赖性。从 2009 年新浪微博的开通，到现在微信、微电影、微小说、抖音等一系列以"微"为标志的新事物层出不穷，互联网的新时代——微时代背景已经到来。高校作为传播知识的场所，应该担当起传播先进文化的使命，这也是互联网微时代背景下对高校提出的新要求，因此高校思政工作要有新认识、新发展，不断创新教学方式方法，切实提高大学生的思想道德及文化素质。

一、微时代背景下高校大学生思想政治教育培养的必要性

习近平总书记指出："要运用微时代新技术使工作活起来，推动思想政治工作传统优势同信息技术高度融合，增强时代感和吸引力。"这正是微时代高校思想政治工作新的基本遵循和行动指南。在以"00 后"大学生为主体的校园，各种不良信息的侵入容易让判断能力不强的年轻人迷失方向，思政教育肩负着比以往更加艰巨的历史使命。在微时代背景下如何促进大学生全面发展，培养社会主义合格的建设者和可靠的接班人，是高校应肩负的历史重任。

（一）加强大学生思想政治教育是互联网新时代发展的要求

"信息爆炸"生动地描述了当今社会信息的快速发展和传播状态，人们获取信息的速度加快，时效性更强，信息量更大，尤其是年轻一代，互联网成为获取各类信息的首要来源，各类攻略、点评、分析随时可以查到，与此同时带来的信息缺乏管理，信息的发布、传播失去控制，也造成垃圾信息的泛滥和网络环境的污染。在某种意义上，"每个人都可成为全球范围的信息

制造者"，并随之带来一系列的社会问题。高校作为意识形态领域的前沿阵地，要从加强学校党建和思想政治工作的高度，做好意识形态领域工作的顶层设计，加强大学生的思想政治与文化素质教育，使大学生自觉地将人文知识内化，从而促进大学生的全面发展，做新时代合格的高素质人才。

（二）加强大学生思想政治教育是微时代背景下我国高等教育改革的需要

目前，大学生思想政治教育取得了丰硕的理论和实践成果，在落实立德树人根本任务、深化高等教育教学改革、加强中华优秀传统文化教育、提升大学生人文素养、促进大学生全面发展等方面发挥了不可替代的作用。当前最重要的是，要认真贯彻落实党中央的重大决策部署和习近平总书记的系列重要讲话精神，准确把握全面实施素质教育的核心要求，聚神、聚焦、聚力推动社会主义核心价值观进教材、进课堂、进头脑。

微课作为微时代背景下的一种新型教学方式，逐渐成为教育教学的一个热点研究领域，很多课程都利用微课提高教学有效性，高校思政课程当然也不例外。研究解决微课、互联网与课堂融合等新的问题是当前高等教育改革的重要任务之一，要从理论和实践两个层面对现有的高校思政课教育状况做出改善，以期在充分考虑到微时代背景下背景的发展基础上，帮助学生塑造正确的思想政治观念，推动教学改革不断深化。

（三）加强大学生思想政治教育是微时代背景下大学生全面发展的需要

德国哲学家卡尔·西奥多·雅斯贝尔斯主张的"全人"教育，关注"全人"要有基本的科学态度，有独立性和个人责任感，有广泛的知识，具备适宜的个性特征，全面发展的人应该是德才兼备的。才，是才识、才能、才学；德，是品德、德行、道德。作为社会中的个体，让自己的认识、情感、行为能够为社会接受，与大众的利益诉求相符合，这是个人能够有所成就以及获得幸福生活的途径。

不同时代的青年面对着不同的历史课题，当前的大学生多是"00后"，他们是网络信息时代成长起来的一代。移动互联网和智能手机的快速普及，对大学生的上网方式和网络体验产生了根本性影响，碎片化信息消费常态化，网络依赖进一步加剧，然而部分大学生对网上基本形势认识不清，面对境内外不良信息缺乏足够的甄别力、批判力和抵制力，因此要加强大学生的网络文化素质教育，帮助其广泛地涉猎其他学科，以丰富知识、提高能力，做一个全面协调发展的人。

二、微时代下大学生存在的思想政治教育缺失问题

大学时期是一个人文化素质、道德观念形成的关键时期，而对当代大学生来说，网络对他们道德观念的影响是不容忽视的，要研究网络环境下大学生的道德与素质，首先要了解其现状。

（一）大学生网络主体性的缺失

CNNIC 发布的《中国互联网络发展状况统计报告》显示，截至 2018 年 12 月，网民规模达 8.29 亿，全年新增网民 5653 万，互联网普及率为 59.6%，其中 20—25 岁年龄段的网民占比达 26.8%，显然大学生已经成为网络的主要受众群体。大学生通过网络媒介学习知识、了解社会、拓展视野，但是由于其世界观和人生观还未成型，网络这把"双刃剑"在带来迅捷信息和便利的同时，一些非法及垃圾信息也通过各种途径蔓延，易导致大学生迷失自我，造成主体性的缺失。首先，由于网络环境的复杂性、多变性及不易操控性，外在监管和控制的措施不健全，大学生使用网络缺少监督和引导，对网络社会认知水平还不够高，独立性、自主性不强，这是导致网络主体性缺失的内在因素。其次，网络主体性实践能力和信息处理选择能力不强，这是导致网络主体性缺失的关键因素。而青年时期是人生的一个特殊阶段，这

一时期认知结构、感情结构和意志结构会发生巨大变化，大学生往往自制力相对薄弱，在网络社会所受到的他律与自律与现实社会相比趋于弱化。最后，文化自觉不够、价值标准不明以及泛审美现象严重，这些问题是当代大学生学习主体性缺失最主要的原因。

（二）对网络流行文化认识不足

社会主义核心价值观是中国特色社会主义核心价值体系的集中体现，但在国际化、全数字化、网络化的大环境下，纷然杂陈的网络流行文化环境影响着大学生的成长，这些令人眼花缭乱的流行文化形式对大学生的形象、语言、行为方式、消费观念等产生非常大的影响，关系着大学生的思想建设与道德教育。

首先，大学生对网络文化有较强的包容性。很多大学生表示在一般情况下即使不清楚、不接受某样网络流行文化，也不会否定它。其原因，一方面是因为大学生对新鲜事物具有较大的兴趣和较强的吸收能力；另一方面则是由于大学校园的开放性，网络流行文化以超强的吸引力影响着大学生价值认知和道德行为。作为国家未来的建设者，大学生对网络流行文化的取舍和认知必将对整个社会文化思潮的发展趋势产生重大影响。为此，我们要提高大学生对网络流行文化负面元素的甄别能力。当下，很多大学生迷恋日剧、韩剧、英剧、美剧，沉浸于二次元动漫和网络游戏世界，但是对本国民族历史和传统文化却兴趣寡淡，所知甚少，甚至一些标榜后现代的网络文化恶搞伟人、调侃英雄、宣扬历史虚无主义等，严重干扰了大学生对民族文化的正确认识和价值判断。其次，不能正确认识网络流行文化、传统文化以及社会先进文化之间的关系。人们的物质水平不断提高，网络流行文化大行其道。有大学生认为网络流行文化既然能在社会存在并被大众接受，即是先进文化。事实上，这种说法已经将网络流行文化和先进文化搞混，是错误的。网络流行文化成长时间不长，倘若能经过岁月洗礼和社会的不断验证，并且能证明它是满足社会生产力发展需求的文化才会是真正先进的文化。还有人觉得网络流行文化跟传统文化相生相克，不能两全。这种认识也是谬论，因为两种文化是有区别的，但是也都有各自的生存空间，而且在一定程度上彼此交融、促进。

（三）缺乏文化践行的自觉性和主动性

"知行合一"是中国传统哲学的一个典型命题，也是中国传统文化中重要的思想资源。明代著名思想家王阳明曾提出"敏于知，健于行，知行合一"，近代著名教育家文浚更是据此改名为"陶行知"，都旨在说明理论和实践结合的重要性。"知行合一"既是中国传统文化的鲜明特色，也是马克思主义认识论、实践论的内在要求。当前大学生的伦理道德观念只停留在书本上和口头上，重整体宣教、轻个体培养，重知识传授、轻文化熏陶，重课堂说教、轻平台开拓，并没有真正内化为自己的价值取向和行为准则，也就不可能在生活中产生良好的行为效果。

2014年5月，习近平总书记在北京大学师生座谈会上说道："道不可坐论，德不能空谈。于实处用力，从知行合一上下功夫，核心价值观才能内化为人们的精神追求，外化为人们的自觉行动。"近年来，从微博到微信，再到抖音，网络微时代的蓬勃兴起，让人人都成了自媒体人。而在这样一个瞬息万变的时代，大学生作为一个特殊的群体，要接受新事物、应对新变化，利用微时代帮助自身成长。高校也应该积极引导大学生从"用"到"懂"，再到"通"，从而形成正确的"方法论"，塑造主流的"价值观"，在网络微时代主动承担责任。

三、微时代背景下高校大学生思想政治教育的培养路径

微博、微信、微电影、微小说、微媒体、微广告、微支付、微信用、微

管理、微投资、微生活……所有这些以去中心化、碎片化、零散化、即时化为特征的新兴文化形态、传播方式乃至经济活动形态、生活形态，已经在潜移默化中重新定义了我们的生活，可以说，"微"已经成为理解我们这个时代的一个关键词。在微时代背景下，加强和提高大学生马克思主义理论素养与文化素质，是当前我国高校思想政治教育亟须解决的问题。

（一）加强网络道德建设，促进思想政治教育的"微"融入

分析微时代背景下高校大学生的特点，尊重其张扬个性的特质，创新网络思想政治教育，增强大学生的政治意识和使命感。新时期，高校要建立能充分体现鲜明的马克思主义立场、观点、方法的思想政治教育网站，或在高校网站主页的突出位置设立德育教学专栏，结合学生关心和感兴趣的热点话题，开展丰富而有正面教育意义的主题宣传。校内各单位还要按照弘扬主旋律、倡导多样性的原则，在部门网站上开设思想政治教育频道，真正实现共建共享，构建全方位的高校网络思想政治教育新模式。

首先，转变观念，提升自我。马克思主义哲学强调事物的变化发展是事物内外因作用的结果，因此改善网络道德失范的问题根本要先从大学生自身做起。具体要做到，培养自己的"慎独"意识，"慎独"是指个人自觉遵守道德规范，遵守道德准则的行为，也可以称之为一种"自律"意识。大学生不仅要有理论上的坚定，还要有行动上的坚持，才不至于随波逐流，附和错误潮流。其次，高校要主动引导舆论，净化思政教育网络氛围。对于微博、微信平台上的热点话题，思政教育工作者要及时引导，同时高校官微要及时发声，澄清说明，消除不良影响；对于在微博、微信平台上的敏感话题留言，要时刻保持警惕，及时关注并给予回应，避免形成信息误传。最后，与时俱进，将传统思政教育方式与网络有机结合。高校需要紧跟时代步伐，与时俱进，创新思想政治教育方式，开辟一条新的思想政治教育路径。要充分利用微博、微信等自媒体平台，将传统的思想政治教育方

式与微时代有效结合，思政教育工作者要将微博、微信等平台作为重要的思想政治教育阵地，充分利用网络平台，发布一些利于思想政治教育的信息，传播正确的价值观，营造良好的教育氛围，从而提升大学生的思想政治素养。

（二）重视校园网络文化建设，加强大学生思想政治教育提升的"微"效果

加强校园网络管理，是推动校园网络持续健康发展的迫切需要，是培养高素质合格人才的迫切需要，是维护学校和社会稳定的迫切需要。首先，为了使校园网成为传播和弘扬社会主义先进文化的主阵地、示范区和辐射源，将网络作为推动社会主义核心价值体系的新载体，用先进文化占领网络阵地，引导学生树立科学的明辨是非的能力。学校党委组织部、党委宣传部、学生工作部、马克思主义学院等单位还应开辟专门的思想政治教育专题网站，以问答、纲要、述评、案例分析等生动活泼的形式分门别类地提供大量的党史党建知识、中国特色社会主义理论体系知识、中国优秀传统文化知识，并针对校内外各种热点、难点、疑点问题，及时转载权威媒体的论述和学生有代表性的观点，引导学生树立正确的价值观和文化观。其次，学校在加强网络阵地建设的过程中，开辟网络德育平台不能进行简单的网络说教，而要落实以人为本的原则，用优质的网络服务来感染学生、启迪学生，达到潜移默化、以文化育人的效果。为此，在建设大学生思想政治教育基地过程中，在充分挖掘、整合校内外网络资源的基础上，积极主动地开展富有创新意识、吸引力及教育意义的各种网络文化活动。最后，通过多维互动、多管齐下，构建宽领域、多层次的网络交流平台，通过校园各级网站可方便快捷地查询到教学、科研、管理、校园新闻、学生活动、学术讲座、就业动态、社团文化、学期成绩、奖学金、勤工助学以及时事热点等各个方面的信息，实现主流阵地由主流信息占领的格局，削减不良消息的侵蚀，构建起"大网络德育平台"。

我们通过互联网了解国内外大事，也可以随时随地了解身边的人和发生的事，但是网络上的信息浩如烟海，真假难辨，良莠不齐；网络上不同国家的意识形态、思想道德等大不相同，冲突激烈。在网络社会中，没有一个权威机构对网络信息进行统筹，只要有一些错误的思想舆论失控，就容易在短时间内大范围传播，从而给大学的道德观、价值观、人生观带来不良的影响。我国高校的德育工作是以马克思主义理论为指导，在这种理论的指导下，网络思想政治教育必须发挥它的作用，提高大学生的主体意识和辨别网络信息真伪的能力。

（三）提高教育者的教育素质，推进大学生思想政治教育的"微"实效

进入 21 世纪，随着科技的迅速发展，信息技术迅速走进教育领域，并不断融合与改组教学中的各个元素，教师正由"粉笔＋黑板"式向"电脑＋网络＋数据"式的信息化教学模式转变，教师必须不断地提高信息化教学水平，以适应信息技术、网络技术给课堂教学带来的改革。由此，在信息化背景下提高教师的数字化素养显得十分关键。

"在我国，各类社会组织都承担着一定的思想政治教育职能。"高校思想政治理论课是对大学生进行思想政治教育最重要的阵地，对于世界观、人生观和价值观正在形成中的大学生来说至关重要。首先，创新高校教师思想政治工作理念，争取话语和工作的双重主动权。高校教师的政治理论素质将有形地通过传道授业对青年学生产生重要影响。加强教师政治理论学习是提高其自身思想政治素质和道德水平，更好地承担教书育人重担的需要，也是高校培养创新复合型人才的根本保证。其次，互联网普及、社会信息爆炸、微时代的发展在一定程度上也加剧了思想多元、社会浮躁等现象，这在客观上进一步要求高校要强化主阵地意识，通过教育引导等多种途径弘扬时代主旋律、传递社会正能量。再次，拓展高校教师思想政治工作新平台，充分利

用微时代，搭建和完善思想政治教育网络授课与交流平台，不断提高工作影响力。在对教师的调查中，少数年龄偏大的教师接受新兴事物能力较弱，固守原有教育方式，脱离了现代信息社会发展步伐，使用网络教学的只有30.5%，部分高校思想政治教育工作者微博用户不足四成。高校思想政治教育工作者必须紧跟时代发展要求，提高自身的文化素养和学习能力。最后，教师作为"授业传道解惑"者，要向学生传播正确的世界观和价值观。习近平总书记强调："凿井者，起于三寸之坎，以就万仞之深。"在学生眼里，教师"吐辞为经、举足为法"，一言一行都给学生以极大影响。作为教师，要肩负起神圣使命，求学问、探真理、悟道理、明事理，坚持学习与思考、理论与实践相结合，坚持理论联系实际的教学方法，认真研究世情、国情、党情的新变化，了解学生所需所想。

查尔斯·赫梅尔曾指出："终身教育是唯一能够适应现代人，适应生活在转变中的世界和变动社会中的人的教育。这样的人必须使自己能够不断地适应新情况。"教师提升自身信息素养的最终目的，是为了教书育人，培养造就党和人民满意的高素质专业化创新型人才。

（四）增强大学生对优秀传统文化的认同，推动传统教育与互联网的"微"融合

加强中华优秀传统文化教育，是深化中国特色社会主义教育和"中国梦"宣传教育的重要组成部分，是构建中华优秀传统文化的传承体系，推动文化传承创新的重要途径。中华优秀传统文化与社会主义核心价值观之间存在着密切联系，学习和践行社会主义核心价值观是增强大学生民族凝聚力的需要，而这种凝聚力主要来自国民对核心价值观的认同和追求。因此，我们要推动大学生对社会主义核心价值观的认同，就要重视中华优秀传统文化教育。中国传统文化只有凭借"互联网+"的时代东风，运用微文化传播载体，才能以一种新的态势呈现给受众。今日之中国，要想实现中华民族的伟大复兴，

不但要在经济上飞跃式发展，更要在民族精神与文化传统上保有根脉，对历史文化坚持扬弃继承，古为今用，以传统文化教育为涵养基础，利用新时代传播手段，实现中国传统文化的创造性转化和创新性发展。

加强中华优秀传统文化教育，首先，要充分利用互联网传播优秀传统文化。互联网的快速发展，各主流媒体运用网络传播规律，用正面声音和先进文化弘扬社会主义核心价值观，在重点新闻网站上形成良好的网络舆论环境，使大学生在网络环境中受到潜移默化的影响。例如，3D版《清明上河图》运用网络数字化技术和虚拟现实等技术进行传播，让人身临其境，而VR虚拟现实技术可以模拟古代社会的场景，这就完全改变了人们对传统文化的体验方式。其次，创新传播形式，丰富传播话题，促进公众参与，以趣味化、年轻化、互动化吸引年轻人，为传承注入新鲜血液。比如，湖北某媒体云平台推出《中国守艺 follow me》系列原创短视频，从洋弟子拜师学中国手艺的视角，讲述中国非遗的历史渊源、传承人的匠心故事以及传承的现状，广受网民欢迎。最后，嵌入生活微时间，开发传统文化网络思想政治教育新资源。学校针对大学生日常生活中大量碎片化时间和网络实时传播、无缝衔接的特点，大力推进"互联网＋传统教育教学资源"建设，围绕思政课、党的创新理论成果、优秀传统文化等，开发和建设精品课程、专业教学案例，整合学校历史故事、各类仪式典礼、文化艺术活动、优秀师生案例、地方特色文化等传统思政教育资源，转换开发为网络视频、卡通动漫等网络文化产品，立足于大学生的现实体验、人生追求，激励他们进行积极地思考，使传统文化富有生命力的一面通过互联网传播和凸现。

大学生是一个特殊的社会群体，他们处于人生观、价值观、世界观形成的关键时期，容易受到各种因素的影响。同时，微时代背景下正在潜移默化地改变着大学生的道德认知、道德情感、道德意识和道德行为等。思政课的最高层次就是情感、态度、价值观的输出，习近平总书记在全国高校思想政治工作会议上强调指出："要用好课堂教学这个主渠道，思想政治理论课要坚持在改进中加强，提升思想政治教育亲和力和针对性，满足学生成长发展需求和期待。"因此，高校必须结合网络社会的本质特征，从网络社会是现实社会在网络中的延伸这一观点出发，注重传统教学方法与新颖式教学方法的结合，善于利用网络媒体、自媒体、互联网等载体进行教学方法的创新，加强大学生思想政治教育，培养有责任、有担当、有涵养的"数字公民"。

第六节　手机微时代的大学生思想政治教育创新

2014 年 12 月中国互联网络信息中心（CNNIC）发布的第 35 次《中国互联网络发展状况统计报告》显示，我国网民规模达 6.49 亿，互联网普及率为 47.9%，其中，我国手机网民规模达 5.57 亿，微博用户规模为 2.49 亿，微信用户规模突破 5 亿。如此庞大的微网民、使用着的微博客、创造出的微语录、享受着的微阅读等已经昭示着"微"时代的来临，高校思想政治工作者应将思想政治教育与微媒体相结合，使教育更有效果。

一、微时代大学生思想政治教育载体扩展的新趋势

手机微媒体以信息资源的丰富和交流的便捷，已成为大学生接收信息、表达感情、展示自我的重要平台，并以空前的广度和深度介入大学生的思想世界，从根本上改变着大学生的学习方式、生活方式及思维方式，对大学生思想政治教育产生十分重要的影响。它要求思想政治工作者紧跟时代认识微媒体的强大功能，学会并善于运用微媒体，掌握最新传播技术，积极主动进入微媒体中，利用微媒体优势开展思想政治教育。

二、微时代大学生思想政治教育面临的挑战

"微"时代的悄然来临，对大学生思想政治工作者提出了新的要求和挑战，它要求思想政治工作者不断提高自身信息素养、掌握最新传播技术，积极主动进入微媒体中，利用微媒体优势开展思想政治教育。

微媒体传播时间上的即时性对大学生思想政治教育提出的新挑战。当前微博、微信是所有社会化媒体中，最为即时性的信息传播平台。以快捷丰富的信息展示生活状态，可以让普通人在第一时间将所见所闻发布在互联网上。正是这种强大的功能迎合了大学生的需求，他们寻求彰显自我的同时更有可能不加辨别地去接受错误思潮。此时，思想政治教育工作者的尴尬是，其所讲授的东西大学生也许早就知道，而大学生从嘴里蹦出的新名词和新鲜事儿却可能是其闻所未闻的。因此，微媒体传播时间上的即时性无疑是微时代给思想政治教育工作者带来的新课题。

微媒体传播内容的多元化对大学生思想政治教育提出的新挑战。现代人生活节奏快、信息海量增加，微媒体可以迅速地分享个人的生活状态、观点态度、心灵感悟或新闻、事态的滚动进展，内容的多元化传播，都使得人们更容易接收精简概括的短信息，符合受众的信息需求心理。多元化的信息导致网络信息的内容与教育者所传输的信息不同甚至截然相反的现象将非常普遍，这可能会引起大学生思想上的疑惑、混乱以至逆反。

微媒体传播方式的裂变化对大学生思想政治教育提出的新挑战。微媒体作为一种新的信息传播形态，它是一种裂变式传播，方式类似病毒式传播：一个人传给一群人，那群人中的每一个人又可以传给另外一群人。这样的传播特点，激发了人们的表达欲望。一些负面信息和恶搞内容很容易被乱转乱发，甚至刻意夸大，捏造虚假消息，混淆视听。这些不真实、不健康的消息污染了互联网环境。因此，如何规范和监管微媒体信息，阻止网络谣言的迅

速传播，让它们既有利于信息交流，又能确保信息的真实性，是值得思想政治教育工作者思考和探索的现实课题。

三、应对微时代大学生思想政治教育的策略

"微"时代为思想政治教育提供了新视角、新理念和新方式，大学生思想政治教育工作者应更新观念，利用微媒体积极探索行之有效的思想政治教育机制。

搭建利用微媒体进行思想政治教育的平台。思想政治教育工作者应主动经营微媒体新阵地，将挑战转化为机遇，搭建利用微媒体进行大学生思想政治教育的平台。思想政治工作者通过开设主题新颖时尚，形式符合学生心理的微媒体，成为拥有大量学生用户的微媒体教育平台。通过搭建平台，实现主流意识形态、核心价值观与微媒体的对接，使其相互渗透乃至融合，对大学生微媒体用户潜移默化的产生正面引导和积极的思想政治教育效果。

发挥微媒体在高校思想政治教育、稳定工作中的积极作用。微媒体的兴起在一定程度上引发了校园舆情形成、发展和传播的新态势，它改变着大学生的舆论文化。基于此，思想政治教育要积极进入微媒体，对学生"微言"（微博空间的言论）进行舆情观察，找出个性化的私人话语隐藏的价值观念、态度、行为取向；体察学生群体内心世界的变化，关注个体的精神世界和心理健康，把握学生群体每一时期的社会心理状况。还要建立一个舆论监测和信息反馈机制。借助舆情的分析、研判，提高思想政治教育的预见性和前瞻性，将一切不利于校园和谐稳定的因素解决在萌芽阶段。

把握微媒体特点，创新教育语言形式，提升教育效果。思想政治教育重在贴近学生、贴近实际、贴近生活。这对"微"时代下的思想政治工作者提出新的要求：一是在教育的过程中，要适应"微"时代下学生文化消费特征

和心理接受特征；二是创新思想政治教育语言，要善于捕捉这些"微言"里的鲜活、积极的内涵，丰富并形成自己的话语体系，使思想政治教育工作语言更加时代化、通俗化和大众化。

总之，高校思想政治教育工作者要以积极和宽容的心态对待微时代的微现象，将微时代教育与传统教育有机结合，将微媒体融入大学生思想政治教育工作的方方面面，营造良好氛围，增强学生的认同感，提升思想政治教育的效果。

第六章 高校校园文化与思想政治教育创新

　　高校校园作为培养社会主义事业的建设者和接班人的重要场所，是社会的一个重要组成部分，更是构建社会主义和谐社会的基础工程。只有在和谐校园培养和教育的人才才能更深刻地体会到和谐社会的重要意义，才能致力于和谐社会的构建。

　　构建和谐校园是一项系统工程，既要靠坚强的政治领导，雄厚的经济基础、完善的制度体制，又要靠先进的思想道德、广泛的智力支持、良好的人际关系。在建设高校校园文化中，思想道德建设是重要内容和中心环节。马克思主义既是中国特色社会主义文化的重要组成部分，又是社会主义意识形态的灵魂。坚持马列主义、毛泽东思想、邓小平理论、"三个代表"重要思想、科学发展观、习近平新时代中国特色社会主义思想在意识形态领域的指导地位，坚持马列主义、毛泽东思想、邓小平理论、"三个代表"重要思想、科学发展观、习近平新时代中国特色社会主义思想武装和教育大学生，把大学生群体紧紧吸引在当代中国马克思主义的伟大旗帜下，牢固确立振兴中华民族的精神支柱，这是构建和谐校园的根本。

　　唯有强化马克思主义理论教育，用科学的理论武装头脑，才能引导大学生深刻认识社会发展规律，正确看待当今世界社会运动的现状；深刻认识社会变革时期的特点，正确对待市场经济发展中的出现的一些新现象和新情况；深刻认识马克思主义理论的科学性，正确应对各种思潮和政治观点；正确认识社会主义的本质特征和国家的前途命运，深刻认识自己肩负的历史使命和社会责任。

高校校园文化与思想政治教育有一定的内在关系。认识并处理好二者之间的关系，有利于和谐校园的建设及大学生综合素质的培养。

在高校，开设马克思主义理论课程是对大学生进行马克思主义教育的主要途径，为大学生坚持和巩固马克思主义在意识形态领域的指导地位提供了有利条件。这就要求马克思主义理论课的教学要在增强针对性和时效性上下功夫，实现思想性、政治性、理论性和实践性的有机结合，切实提高对大学生马克思主义理论教育的实际效果。通过优化教学内容、创新教学方法，增强马克思主义理论课的吸引力和思想政治教育的感召力，帮助大学生在马克思主义理论学习中建立一套正确的科学的分析问题、解决问题的方法。

第一节　高校校园文化的概念

校园文化是以学生为主体，以校园为主要空间，并涵盖院校领导、教职工，以育人为主要导向，以精神文化、环境文化、行为文化和制度文化建设等为主要内容，以校园精神、文明为主要特征的一种群体文化。由于学校是教育人、培养人的社区，因而校园文化一般取其精神文化之含义。即学校共同成员在学校发展过程中，逐步形成的包括学校最高目标、价值观、校风、传统习惯、行为规范和规章制度在内的精神总和。校园文化对于提高师生员工的凝聚力，培养良好的校风，培育"四有"新人都具有重要的意义。学校没有了千万个朝气蓬勃的学生，无论多么英明的领导团体多么扎实的硬件设施多么雄厚的师资队伍都不可能使得一个学校的校园拥有强大的生命力。而特定到校园文化特别是大学校园文化，同样的思路，大学生特有的思想观念、心理素质、价值取向和思维方式等是校园文化的核心，其本质是一种人文环境和文化氛围。在这种由大学生自己为主体营造的人文环境和文化氛围中，有校园特色的人际关系、生活方式，由大学生参与的报刊、讲座、社团及其他科学文化体育活动和各类文化设施会作为校园文化的主要特征充盈着大学校园的各方面建设，从而使得大学校园更富有生机和活力。

校园文化活动是自发的，也是自觉的，是受社会生活影响也受自我心灵主宰的，是无处不在的；是充满现代意识的，也是反映大学生复杂心态的；是心灵的自然流露，也是充满创造力的；是受着时代文化潮流影响的，也是苦乐兼备的。人生与社会、理想与追求、情与爱，都会在校园文化中表现出来。扰人心怀，催人思索，引人前行或诱人堕落。校园文化在当今高等教育中应该发挥重要的作用，校园文化是常新的，但是能够保持永恒魅力的，是能够唤起青年一代心灵的，是能够激发青年学生激情，是能够唤起青年一代高尚的、独立的人格追求和高尚的道德追求的。

一、高校校园文化建设的主要因素

高校校园文化由物质文化、精神文化、制度文化、行为文化、媒介文化等五个方面构成。

高校校园物质文化。高校校园物质文化是指具有明显文化意味的物质设施，是师生在校园内从事各项活动时所处的物质环境，主要指图书馆、教学楼、办公楼、活动场所、宣传栏、校园内的自然景观和人文景观等，这些物质设施和外在环境是校园内在精神的外化，体现一个学校的文化内涵，它是校园形象和精神风貌的物质依托。校园物质文化具有"桃李不言"的特点，能使学生在不知不觉中受到熏陶、启示、感染。一个具有文化色彩和教育意识的校园环境，能使学校各种物化的东西都体现出一个学校的个性和精神，激发学生的集体荣誉感，给学生一个崇尚文化享受和催人奋发向上的感觉。

高校校园精神文化。高校校园精神文化是指在学校发展中逐步形成的得到师生认同并自觉遵守的、比较稳定的、有自身特色的价值观念、理想追求、道德要求、行为规范、办学理念、历史传统等。它是校园文化的精神内核，既表现在校风、教风、学风中，也表现在校园的学术气氛和人文精神中。它长期以来凝结了校园内大多数师生的思想和行为习惯，深刻地影响着后来者，并使之很快融入其中，进一步强化了这种群体习惯。一所学校，如果形成了良好的校园精神文化，就能够使师生在校园环境的潜移默化中，形成良好的品质和行为习惯，并代代相传，形成一种巨大的教育力量。

高校校园制度文化。高校校园制度文化是指师生在交往中缔结的社会关系以及用于调控这些关系的规范体系。它包括各种规章制度、道德规范、行为规范、工作守则等。校园制度文化是校园文化的重要组成部分，它对规范校园内的各项活动、规范师生的言行起到必要的导向和约束作用，使师生明确学校提倡什么、反对什么、什么该做、什么不该做，从而使师生自觉地养成良好的行为习惯，保证了学校正常的教学、生活秩序，保证学校健康稳定的发展。

高校校园行为文化。高校校园行为文化是指在高校校园精神文化的指导和高校校园制度文化的规范下，师生从事的各种群体文化活动及个体文化行为。高校校园行为文化是校园文化中内容最丰富、方式最灵活、表现形式最明显、最直接的部分。高校师生建设校园文化和校园文化对师生的作用，都要通过校园文化的实践来实现。因此，高校校园行为文化是校园文化中沟通各个层次的关键环节。校园精神文化的塑造和认同，校园制度文化的制定和实施，校园物质文化的设计和建设等，都是校园行为文化的结果，校园文化建设的着力点和切入点都在校园行为文化上。

高校校园媒介文化。高校校园媒介文化是校园文化氛围的直接体现，是校园文化存在的重要载体和传播方式。它包括校报、学报、广播、电视、网络、宣传栏、标语等。这些媒体的内容，往往也带有一所学校其特有的文化特征，对师生产生直接而深远的影响。它的影响不仅局限于师生与这些媒体的接触所产生的思维震荡，还包括师生间通过各种校园媒体相互沟通而产生的行为改变。

高校校园文化的这五个方面相互依存、相互作用，共同构成了校园文化的整个体系。其中物质文化是基础，精神文化是核心，制度文化是保障，行为文化是方式，媒介文化是载体，它们形成了不可或缺的有机整体。每一部分都在校园文化建设中发挥着重要作用。

二、高校校园文化的作用

高校校园文化对一所学校发展所起的重要作用，主要体现在以下几个方面。

高校校园文化能够不断提升大学本身的文化品位。校园文化品位是由学校的办学理念、学术氛围、学术水平、管理水平和学风校风等聚合而成的，渗透到学校由内到外的方方面面，构成一种无形的强大的力量，对学生产生深刻的、潜移默化的影响，这种影响往往是某一门专业课程所无法比拟的。在校园里，最便于学生进行体验的就是学校文化品位，品位越高，就越有可能使得学生感到学校是神圣的殿堂。

高校校园文化对内能够加强师生员工的凝聚力。凝聚力是指学校作为一个集体对成员的吸引力、成员对集体的向心力以及集体成员之间的相互吸引。凝聚力不仅是维持集体存在的必要条件，而且对集体潜能的发挥有着极为重要的作用。一个集体如果失去了凝聚力，就不可能完成组织赋予的任务，本身也就失去了存在的条件。校园文化作为广大师生在实践中共同创造和认同的价值取向与情感追求，具有强大的凝聚力。

高校校园文化对外能够塑造学校的形象。学校的形象不仅来源于公众对学校所表现出来的、看得见、摸得着的外在事物的观察，而且源于公众对学校内在精神、内在文化的感知和体验。和谐的大学校园文化对外能够塑造学校的良好形象，提升学校的美誉度、知名度，由内及外，最大地外观学校的形象内涵。

高校校园文化能提高学校的核心竞争力。学校文化的约束力和竞争力是一所学校发展的不竭动力。学校核心竞争力的独特性就在于其深厚的文化底蕴、鲜明的个性和特色的教育模式。学校文化是学校在长期的办学实践中，经过自身努力、外部影响、历史积淀而逐步形成的独特的精神财富，它主要凝聚在学校所拥有的理念、制度、管理、行为、校风、教风、学风等深厚底蕴之中，具有前瞻性和先进性，能够形成一种良好的教育氛围和综合力量。

高校校园文化的作用，不是直接可以触摸得到的，然而生活在校园之中的人时时处处可以感受得到。首先，促进师生、员工科学文化素质和思想道德素质的不断提升。素质的提升，不完全来自课堂、课堂之外的活动，还包括必要的社会实践、社会调查、社会公益活动是提升素质的重要渠道。其次，塑造良好的道德情操。学生自己组织的社团活动，诸如体育竞技比赛、登山、游泳对训练体能，增强体质的好处自不待言，其中对培养团队精神、合作意识、坚忍不拔的意志力、拼搏精神是不可或缺的手段与方式。最后，通过各种各样的文艺、体育、军训、理论探讨、学术报告，营造一种生机勃勃、积极向上的文化氛围。总之，学子们置身于这种环境之中，受这种精神的熏陶，耳濡目染、潜移默化、久而久之，就会成为一个有知识、有教养、有进取精神、有良好气质，积极进取的人。

三、大力加强高校校园文化建设的意义

校园文化是先进文化的重要源头。校园文化是社会文化的重要组成部分，始终处在社会文化的前沿，既承担着育人的重要职责，也承担着引领社会文化的重要任务。校园文化具有凝聚作用，通过研究和宣传科学理论，可

以把人们紧紧地团结在中国特色社会主义的伟大旗帜下。具有引导作用，通过传授人类文明，可以帮助人们培养良好的道德思想品质。具有辐射作用，通过知识传播和人才培养，可以对社会主义经济建设、政治建设、文化建设和社会建设产生积极影响。

校园文化是先进文化的创新基地。创新是民族进步的灵魂和国家兴旺发达的不竭动力，也是文化始终体现先进性和永葆生机的源泉。传承文化是高校的基本功能，研究文化是高校的活动基础，创新文化是高校的崇高使命。高校校园文化是科学思想萌生的催化剂，是先进文化创新的重要载体，它既从先进文化中汲取营养和力量，又为发展先进文化提供强大动力做出巨大贡献。

校园文化具有强大的育人作用。先进文化要发挥社会作用，就要把文明内化到人们的灵魂里，积淀到人们的思想中。办大学就要建设校园文化，让学生学习、感悟、理解，从而净化灵魂，陶冶情操，完善自己。校园文化是引导人、鼓舞人、激励人的一种内在动力，是凝聚人心、鼓舞斗志、催人奋进的一面旗帜，它对大学生的思想政治、道德品质、行为规范产生深刻影响。

四、高校校园文化建设的原则和思路

（一）高校校园文化建设的原则

鉴于当前我国高校校园文化建设的现状，校园文化建设应坚持如下主要原则：一是方向性原则。校园文化建设必须坚持正确的政治方向，必须以培养爱国主义精神为主旋律，并且突出素质教育和创新教育等现代教育的时代特征。当然，坚持方向性原则更多的是通过德育，如学校定期的时事讲座，主题班会，党校、团校和各种寓教于乐的活动来体现，并应该在激发中华民族自豪感上下功夫。

二是创新性原则。校园文化建设既要继承传统文化中的精华，又要结合时代特点进行创新，与时俱进使之具有长久的生命力。创新是灵魂，发展是硬道理，不发展就要落后。建设校园文化是一项实践性很强的活动，也是无尽头的，学校要不断加大建设校园文化的物力、财力和人力的投入。

三是整体性原则。校园文化建设是一项系统化、序列化的工程。校园文化建设不仅要重视硬件建设，更要重视软件建设；不仅要重视继承，更要重视发展；不仅要重视特色，也要重视借鉴。其中，物质文化是基础，制度文化是纽带，活动文化是载体，精神文化是灵魂。必须树立全员意识，全方位意识，全过程意识，从整体上规划，从层面上思考，从薄弱处、细微处着手，于无声处见文化。

四是人本性原则。校园文化建设的目的是育人，育人要以人的发展为中心，人既是发展的第一主角，又是发展的终极目标。校园文化建设不能只见物不见人，不能只重物不重人，校园文化建设的重点是人的精神面貌、行为规范和风气氛围，体现以人为本的宗旨。校园文化建设以育人为目的，就要有精品的意识，哪怕是校园的一条标语，一个图像，一座雕塑，一棵树，都要体现这一点，都要为培养学生的个性和创新精神创建良好的空间，为师生的互动创造良好的氛围，这是校园文化建设最内在、最深层的要求。

五是参与性原则。要让师生积极参与校园文化建设，特别是在精神文化建设的过程中，学生是主体，教职工是主导，他们都是校园文化建设的参与者和贡献者，也是校园文化的重要载体。外在教育要求和语言化熏陶都要通过他们自身的主观能动性的发挥才能内化为信念、外化为行为。要建立师生共同参与的激励机制，使学校所期望的价值观、人生观在校园文化建设中为学生所接受、所理解、所掌握。

（二）高校校园文化建设思路

高校校园文化在育人中要把大学生塑造成为科学理论的坚定追随者，共产主义和社会主义理想信念的大力弘扬者，科学文化知识和科学精神的广泛传播者，健康生活方式的积极倡导者，社会主义道德的自觉实践者，使他们成为热爱祖国、热爱人民、志存高远、胸怀宽广，在改革开放和现代化建设的广阔舞台上，充分发挥自己的聪明才智，展现自己的人生价值，努力创造无愧于时代和人民的业绩的人，必须坚持以科学的理论为指导，以学生思想道德建设为主线，以丰富多彩的校园文化活动为氛围，以文化实践为动力，推动校园文化的蓬勃发展。

第一，高校校园文化建设的内容必须突出思想道德教育这个主题。思想道德渗透于个人素质的各个方面.是大学生素质教育的灵魂，高校校园文化建设必须突出思想道德教育这个主题。首先，在规划校园文化建设时，注重各项活动的价值导向和行为导向，充分体现社会主义对人才培养的思想政治、道德和行为要求，使学生真正做到"四有"。其次，充分发挥教师的主导作用，教师不仅是大学生专业素质提高的引路人，而且是思想道德建设的先行者和示范者。教师必须运用自己的特殊作用和影响力，加强对学生校园文化的引导。最后，在学生中深入持久地开展理想信念教育，弘扬社会主义主旋律，帮助他们树立科学的世界观、人生观、价值观和道德观。以贯彻实施《公民道德建设实施纲要》为契机，大力倡导社会主义道德，加强社会公德、职业道德和家庭美德教育，提高大学生的思想道德水平。

第二，高校校园文化在实践上必须选择好活动载体。一是要结合重大节日和纪念活动设计好校园文化活动，调动学生的参与热情，使学生在生动活泼的文化氛围中受教育。二是大力引导和发展学生社团，发展学生个性，活跃校园文化氛围，增长学生才干，提高学生的综合素质。

第三，高校校园文化建设必须创建一个优良的校园环境。环境本身就具有教育作用。当前，不仅要选择、发掘环境中的积极因素，利用好现有的环境，而且要努力造就理想的校园环境。这就要求做好改善校容校貌、校同合理布局、建筑物装饰、校园绿化美化等方面的工作，通过校园环境的建设来营造一种文化氛围，形成一种良好的心理环境。有些高校设计反映高校特色的校园标志性建筑，设计高校校区的文化场景等举措不失为一些好思路。加强校园文化设施的建设。在人力、财力、物力的投入上提供充分可靠的保证，狠下功夫，努力使各类设施齐全，并力求现代化。为进一步发挥校园文化的作用，在电化教学、网络化教学、传播多学科文化知识以及开展寓教于乐活动等方面打下坚实的物质基础。

第四，高校校园文化建设必须完善校内各项规章制度。首先，要加强制度建设，制定适应校园物质文化和校园精神文化的各种校园文化制度，在制定的过程中要体现国家的政策，符合党的教育方针。同时，也要体现科学性、严谨性、合理性、可行性，在执行过程中要严肃、认真，并把握好尺度。其次，要在把制度转化为师生的自觉行动方面下功夫。各种规章制度的内化，即被师生员工自觉遵守、认真执行，这是校园制度文化建设的目标和宗旨。因此，校园制度虽然是校园文化的组成部分，但校园制度并不能自然而然地形成校园文化的一部分，其作用、功能能否体现主要看是否被广大师生员工所接受。这就要求必须加强对学校制度的宣传，并用以指导全体师生员工的行动；加强管理，强化检查和监督，通过奖惩手段促进"外在文化"向"内在文化"转化，从而真正发挥校园制度文化在校园文化建设中的作用。

第五，高校校园文化建设必须重视校园人文精神的培养。首先，要着力塑造大学精神。大学精神是师生员工在校园文化实践活动中特有的心理素质以及展示其人格风貌的群体意识，是校园精神文化的核心，一旦形成，就能对学校成员发生不可抗拒的影响力，并且具有持久的继承性。塑造大学精神，不仅要求构建反映时代精神的大学精神，而且要提出具有自己学校特色的校训、校歌，编纂校史，发挥名人效应，形成名校。其次，加强校风建设。努力培养优良的教风、学风；加强领导干部工作作风建设；建立良好的人际关系。再次，积极开展课程文化建设，形成一批高水平、结构合理的课程和学科专业，加强学生社团建设和管理，开展丰富多彩、行之有效的课外文化活动。

第二节　高校校园文化与思想政治教育的关系

大学生作为社会主义的未来建设者，他们的思想政治状态将直接影响党的建设、中华民族的前途，对当代大学生进行思想政治教育尤为重要。大学生思想政治教育处于不断变化的形势中，需要更高效的思想政治教育系统。高校校园文化直接影响高校师生的学习、工作和生活，对于营造人文氛围、提升师生的精神境界、形成优良的教风学风和工作作风、激发创造力、增强凝聚力、弘扬主旋律等，发挥着积极作用。良好的校园文化是一所学校赖以存在的人文精神支撑，是实现大学生素质教育的文化环境和教育环境，是精神文明建设的基础性、战略性措施，是坚持社会主义办学方向的重要保证，是培养社会主义事业建设者和接班人的基础工程，是高校核心竞争力的重要组成部分，也是大学精神和大学品牌的重要体现。

高校思想政治教育与校园文化建设相互有效的承载对方，有力确保高校校园和谐发展。强化校园文化建设能够充分促进高等教育进一步改革创新，完善与加强大学生思想政治教育，对多方位提升大学生的综合素质等具有非常重要的意义。从这一意义上来讲高校校园文化建设与高校思想政治教育具有一定的统一性，然后他们又各自拥有着自己的独立性。校园文化与思想政治教育有着各自的内涵、形式和方法，两者不可相互替代。但从根本上说，它们之间又有着密切的关系，即相互促进、相互制约、相互渗透和相互包含。校园文化虽独立于思想政治教育系统，但它在导向功能、凝聚功能、激励功能、辐射功能等方面有着极强的思想政治教育内涵，两者有着共同的目标追求和价值取向，存在着密切的联系。

一、校园文化承载着改善高校思想政治教育的任务

随着社会的不断进步，我国的文化与经济发展逐渐趋向多元化。让人们不断面临着价值观、文化冲击的选择，这对于现在高校大学生的思想政治教育工作的开展形成了一定的影响。有的大学生难免在思想或行为上存在偏差。传统的"灌输式"教育已经解决不了大学生新形势的成长需要。校园文化是具体意义上的群体意识，能够为思想政治教育的改革创新打下坚实的基础。同时，在某种程度上，校园文化环境的改变推动着教育对象思想观念的变化，用其感染力潜移默化地影响群体成员，让其受到文化的熏陶，有利于大学生塑造人格与陶冶情操。

校园文化建设是以课堂文化和课余活动为主要形式，以校园为空间的多方面、多类型的文化活动，其最核心的内容就是校园精神的创立，而校园精神的主体又是师生的共同理想和价值观的建设。校园文化作为学校精神、传统、作风的综合体现，客观地创造了一种育人的环境和氛围。在一个精神向上、传统优良、校风文明的环境里，人们就自然地接受着各种有益的文化感染和熏陶，为思想政治工作更好地实现对人的引导和教育提供良好的基础，

从而实现以德育人的目标。可以说校园文化是高校无声的思想政治工作，它将思想政治工作的内容通过校园文化建设中的各种文化艺术行为或公益活动体现出来，具有广泛的群众性、知识性、娱乐性、哲理性和启发性，深刻影响着每个师生的思想品德和行为规范，对师生有着潜移默化的熏陶作用，是对师生进行思想政治工作最有效的渠道之一。校园文化建设作为高校思想政治教育的重要实现途径和手段，与其他思想政治教育方式有着极大的区别。校园文化建设旨在营造一种特殊的育人氛围，重在潜移默化地渗透，它像一只无形的手，引导着受教育者向着健康而有序的方向发展。无论他们

愿意与否，只要长期置身其中，就会在不知不觉中受到校园文化所倡导的精神、所形成的氛围的熏陶和感染，并将这种精神逐步地、不自觉地内化为个人的有针对性地开展教育，保证了思想政治教育的实效性。

二、高校思想政治教育的开展受到校园文化形成和发展的影响

高校的思想政治教育工作主要目的是培养大学生正确的人生价值观、社会政治观、法制纪律观、伦理道德观。着重培养大学生的能动意识、独立意识、自主意识．注重培养大学生的健康心理与健全人格，努力为大学生打造多方位发展的服务。为了完成这一目标，高校思想政治工作就要进行不断的改革创新。随着社会科技的迅猛发展，多种思想与观念快速传播，大学生的思想也发生相应的变化。如此一来，思想政治教育以往所使用的教育方式已不能有效推动大学生的教育作用。校园文化是高校思想政治教育承载体，其具有持续渗透、容易理解的特征，可以把思想政治教育的内容有效渗透到学生的日常生活当中，易于被学生所接受，让大学生能够受到校园文化陶冶与教育，从而实现教育目标。

随着改革开放，特别是科教兴国战略的实施，高校作为促进社会发展和科技文化进步的重要力量，正以一种积极的姿态走出校园，更为广泛地融入社会、融入国内外交流合作。校园已处于一种更加开放、更加复杂的环境中，处于一个国内外各种思想文化相互激荡的环境中。校园文化以其开放性、适应性的特点与社会密切联系，社会上最新的思潮与时尚可能会敏感地被校园文化所接受。新的形势和变化对高校的影响十分深刻，同时也使人们对高校思想政治工作提出了越来越高的要求。要做好新形势下的高校思想政治工作，必须做到两个延伸：一是思想政治工作的内容延伸，将思想政治工作由原先的简单说教向解析新理念、新思潮，向分析新情况、解决新问题，向广

大师生关注的社会焦点、热点、难点问题上延伸。二是思想政治工作的时空延伸，将思想政治工作由原先局限于高校师生学习工作生活于其中的校园、实验室、班级、宿舍这个狭小的天地，向校园的各个角落延伸，向校园之外延伸，特别是随着网络时代的到来，高校的思想政治工作更要积极占领网络这块高校思想政治工作的新阵地，使思想政治工作向网络世界延伸。

三、高校校园文化的建设受到思想政治教育工作的影响

随着高等教育的普及，党中央、国务院非常重视高校思想政治教育工作的开展，各级政府部门研究如何强化与改善大学生思想政治教育，并将与时俱进的科学精神贯彻于大学生思想政治教育工作中。这样一来，思想政治教育在理论学科化、功能多样化、个体价值化与开发现代化等方面都取得了相应的成果。思想政治教育工作与校园文化建设一直以来都是高校发展、建设的核心环节。校园文化要想得到健康的发展，离不开高校思想政治教育和多样化的社会文化，为了预防腐朽的社会文化带给大学生的消极影响，在政治上就要求思想政治教育和高校校园文化建设保持一致的前进方向。因此思想政治教育发展必然影响校园文化的建设。

高校的校园文化建设，要体现社会主义文化的基本属性和原则，遵循培养德、智、体、美、劳全面发展的人才的教育方针，就离不开思想政治工作的引导和把握。从内容上看，校园文化建设以人为本，尊重人的价值和主体精神，开发人的智能，而思想政治工作在以人为中心的同时，直接以科学理论武装人、启迪人、升华人的思想，提高人的觉悟。校园文化建设不仅要注意突出思想政治教育这个主题内容，还要注意坚持对其他内容的马克思主义理论指导。从层次上看，体现世界观、人生观、价值观、道德观、审美观等意识形态的精神文化，是高校校园文化的核心、灵魂和根本。学校师生员工

在优秀的校园文化氛围中，自觉不自觉地要受其熏陶、影响和激励，并通过选择教育、自我教育的过程，逐步升华和完善自己。从目的性上看，校园文化对人的熏陶和影响往往是渐进式的，是潜移默化的，而思想政治工作则有明确的目的指向，它就是要使先进的思想政治教育内化为人的自觉行动。因此，校园文化建设和思想政治教育在育人上是殊途同归，二者以不同的形式达到共同的目的。今天，在我国社会主义高校中，必须加强思想政治教育在校园文化建设中的主导方向，把握高校校园文化的社会主义性质，坚持用马列主义、毛泽东思想、邓小平理论、"三个代表"重要思想、科学发展观、习近平新时代中国特色社会主义思想来武装师生员工的思想，坚持中国先进文化的前进方向，真正把校园文化建设成为面向现代化、面向世界、面向未来的、民族的、科学的、大众的社会主义文化这个主导文化体系的一部分。

四、高校校园文化建设和思想政治教育的相对独立性

第一，就思想政治教育而言，它不仅具有鲜明的阶级性，而且具有很强的思想性。它是教育者在党的领导下，通过各级组织对广大师生员工的思想、政治、道德等方面进行教育的社会实践活动；而校园文化则是在知识密集、人才集中的高校校园内由高校师生所创造的特有的物质、精神环境和文化氛围，并且作为社会文化的一部分，受到来自社会大环境的冲击和影响，其发展变化往往是不以人的意志为转移的。

第二，思想政治教育者与被教育者，有主动与被动、主体与主导之分，教育者与被教育者的位置和身份往往是相对的；而在校园文化活动中，师生员工既是主体也是客体，他们在创造校园文化的同时又享有了校园文化，并在其中受到熏陶和影响。

第三，思想政治教育的方针、原则、内容等均有较强的规定性，它通过有计划、有目的、较规范和较系统的教育过程来达到使人的政治观点、思想

方法、道德修养等方面有意识地向所期望的方向发展；而校园文化则不然，它受社会大的文化环境的直接影响，其内容往往随着社会文化变化而变化。它对人的教育和影响是通过校园特有的物质环境和精神氛围，使生活于其中的每个个体在思想观念、心理素质、行为方式、价值取向等方面与一定文化发生认同，从而实现对精神和心灵的潜移默化的塑造。

第三节　坚持思想政治教育的导向性

高校思想政治教育引导着校园文化的健康发展。因而，必须发挥思想政治教育的价值导向功能，引导高校校园文化向健康的方向发展，使之发挥正面功能，抑制其负面功能。积极把握校园文化建设的基本方向，从而提高高校校园文化建设的实效。

一、高校思想政治教育对校园文化的价值导向功能

人的社会活动是其价值观形成的基础，而人又都遵循一定的价值观而活动。任何一个社会群体，都有属于自己的特定的文化模式，其核心内容则是群体成员共同拥有和信奉的价值观。

（一）思想政治教育有助实现在意识形态领域的价值观统领

思想政治教育对意识形态领域的价值导向性表现非常明显，具体体现在：

1. 宣传和倡导符合国家整体利益和反映特定阶级利益、价值取向的方法原则、规范标准、战略计划和政策方针。

2. 以特定的历史背景、社会现实、经验总结、逻辑检验等，论证包含特定核心价值观的理论观点，以解释和预测未来国家和社会发展的总体趋势、发展方向、路径选择、树立巩固坚定的社会理想和政治信念，提供改革和发

展的精神动力的源泉。

思想政治教育作为一种教育实践活动，本质上是统治阶级为巩固国家政权和维护社会秩序，在意识形态领域实现价值观的统一与控制，是一种国家统治力量在精神领域的延伸和体现：一方面，统治阶级通过政治思想教育的途径，从政治认知和政治参与的角度，培育出符合统治阶级利益要求的公民个体来参与国家和政府的政治生活；另一方面，思想政治教育维护和弘扬一种意识形态的权威，以便说明和论证权力存在和国家统治的合理性，促进社会和谐安定。

思想政治教育通过向社会个体成员灌输特定的社会意识形态，形成一定的政治意识、政治觉悟和政治信仰，从而增强整个社会的凝聚力和向心力，实现和维护国家统治与利益。社会的经济成分、组织形式、权益关系的多样化会导致社会个体观念意识和活动的独立性、选择性、多边性和差异性的增强。

（二）思想政治教育具有引导文化的重要功能

文化属于社会意识形态领域，思想政治教育在意识形态领域的价值导向性往往通过对各种具体形式与内容的文化建设活动的规范与引导而体现出来：

1.思想道德课程为高校提供政治思想保证

和谐也是一个道德范畴。离开了道德就不可能有校园的和谐，离开了道德认同，学校就会失去亲和力，就不可能有和谐校园可言。道德是校园和谐的重要道义基础，也是构建和谐校园的精神动力。因此，从伦理学意义上讲，和谐是一个关系范畴，没有关系就谈不到和谐，而且和谐是人与人之间关系的一种理想状态。和谐校园乃是学校的师生员工特别是大学生，通过道德认同和行为选择的协调而形成的一种有利于满足大学生的需要、促进大学生的发展具有良好的道德关系的和谐校园。

大学生思想道德修养课是加强大学生思想道德修养的有效捷径。被大学生称为"心灵鸡汤"和"迷途导航系统"的大学生思想道德修养课程，有着其他课程无法替代的作用。它具有很大实用性，贴近学生实际，能给学生以贴切的生活指导。和谐校园必须有学生之间的互相认同与接纳，学校全体师生若没有足够的相互信任，那么人与人之间就会失去相互联系的基本纽带，学校就不能够正常运转。和谐校园是全校师生和谐相处的校园，要求创造人人平等、团结友爱、和衷共济、和谐相处的人际关系环境。从道德建设角度来看，和谐校园就是诚信友爱，有着良好的校风、学风，学生心情舒畅地学习，提升自我的校园。今天的大学校园，虽然竞争尤为激烈，但竞争离不开合作。如果过度地推崇竞争，容易造成学生为了竞争的胜利不择手段，甚至造成人性的沦丧，道德的败坏。

2. 思想道德建设营造良好的校园环境

对大学生进行思想道德教育不能限于说教，把理论学习与大学生的实际相结合才能收到实效。思想道德课教学内容的最大特点，要求既要坚持马克思主义的基本理论、基本观点、基本立场、基本方法，又要与时俱进，跟上时代和社会实践的发展，走进大学生的思想世界和关注他们的人生问题。这就决定了思想道德课，需要不断面对和回答时代发展及社会现实所提出的热点、难点问题，不断关注大学生的思想困惑和人生矛盾。因此应突出课程的实践性。

关注道德发挥作用的重要方式之一是社会舆论。在大学校园，借助先进的媒体，社会舆论在道德发挥的作用中越来越显著。通过对有利于校园建设，符合基本道德原则和要求的行为进行赞赏；对违背基本道德规范和损害群体利益的行为，则进行谴责，进而在校园形成抑恶扬善、激浊扬清的良好校风。同时，舆论在一定条件下，可成为一种强制性力量，传递一定的行为价值信息，促使行为当事人深刻反思行为后果，迫使行为人接受善恶裁决和准则性指导，对当事人和其他学生起到一定的教育作用。

营造良好的舆论氛围，要有正确的舆论引导。如果在大学生正处于正确的价值观树立时期，总是出现"噪音""杂音"，甚至误导大学生的思想观念和价值取向，校园就很难和谐。要求所有的媒体都应有强烈的社会责任感，把宣传科学理论、传播先进文化、弘扬社会正气作为自己的神圣使命。高校要有效地开展思想道德建设，运用传统的舆论力量，在校园内依然是主要的舆论宣传渠道；高度重视和运用现代信息技术和互联网的舆论功能。网络为思想道德教育提供了现代化手段，拓展了思想道德教育的空间和渠道。网络具有信息量大、传递速度快、学生选择余地大，可以更好地实现资源共享，营造一个健康向上的、文明高雅的校园网络文化氛围。

作为思想道德课教师，应在理论与现实的结合上狠下功夫，通过深入学生实际，调查研究，了解社情民意，掌握第一手材料，追踪研究大学生关注的社会、人生中的热点难点问题。积极开展思想道德建设，坚持贴近实际、贴近生活、贴近学生，以学生的热门话题为切入点，做好引导工作，着力回答学生的实际问题。

3. 思想道德建设提高大学生专北素质

高校校园的构建最大主体是大学生，必须依靠大学生的力量。大学生的全面发展也是构建和谐校园的目的所在。学校的一切工作，既要着眼于大学生的物质文化生活需要，又要着眼于促进大学生的素质提高。高校必须坚持"以人为本"，把校园文明建设的根本任务落实到大学生的素质提高上，为构建和谐校园打下坚实的基础。

提高大学生素质，就要用先进的文化培育、塑造大学生。先进文化包括先进的思想道德和先进的教育科学文化两部分。思想道德作为社会意识形态，规定着整个文化的性质，支配文化发展的走向，是先进文化的主要标志。通过理想信念、价值观念和道德教育，引导大学生树立科学的三观，确立共同遵循的价值取向和行为准则，规范其行为方式，提高其思想境界，从而使大学生能正确处理个人与学校、人与社会、人与自然的关系，实现每个大学生自由充分的成长和校园的和谐发展。

在重视大学生的思想道德建设的同时，还要重视大学生的教育科学文化建设，加强大学生的专业基础知识的学习和掌握。如果说思想道德教育是关于"做人"的教育，发展大学生的天性、个性、潜能，那么，科学文化教育就是关于"做事"的教育。"做人"与"做事"对大学生素质来说如鸟之双翼，车之两轮不可或缺。全面提高大学生素质，必须坚持人的和谐发展原则，用完整的教育培养完整的人。所谓人的和谐发展，就是人与社会、人与自然和人自身发展的和谐。人与社会的和谐就是要探索学生的自主性与社会化结合发展的和谐状态，既要发挥学生的自主性、竞争性、克服依赖性；又要发展提高学生的社会性、合作性，克服自由化。人与自然的和谐就是要强化学生统筹发展意识，提升对自然的责任，反对物质享乐主义，引导学生探索与自然和谐发展。人自身发展的和谐，就是生理与心理、物质与精神、知识与能力、素质与职业和谐发展。大学生的和谐发展离不开对现代知识的掌握与运用。

但是，目前大学生却存在不同程度的学习困扰。从学生自身角度来看，急需树立现代学习理念，观念是行为的先导，要解决大学生的学习困扰问题，应从理念开始。从学校角度来看，必须针对具体专业、具体情况，采取多种渠道，强化学习目标教育，激发专业学习兴趣，开展切实有效的学习策略指导活动和个别心理辅导。努力形成比较完备的高等教育体制，大力发展学校的教学事业，在高校形成良好的教风、学风，为构建和谐校园提供强大的精神动力和智力支持。二、高校思想政治教育对校园文化建设价值导向的迫切性高校思想政治教育对校园文化建设发挥良好的价值导向功能，克服消极意义的影响，使校园文化保持积极向上的健康活力。大学生既有强烈的求知欲望，又有对文艺、娱乐等活动浓厚的的兴趣，如果加以正确的规范与引导，将有利于形成良好的群体意识和价值观，有利于培养大学生高尚的道德情操和良好的生活方式。

（三）市场经济条件下的校园文化建设面临着各种不良因素的制约与污染

20世纪末21世纪初和21世纪20年代是我国社会结构变化速度最快的时期。随着利益集团的不断分化，新的利益主体、新的社会阶层的不断形成，社会价值取向多元化发展趋势日益增强；同时，伴随着改革开放的进一步深入，西方生活方式、社会思潮也不断地涌入我国，对当代青年学生的价值观造成强烈冲击；信息时代的到来和现代传播媒体的发达，使得信息流通渠道的多样性、复杂性、难以控制，造成了青年学生在良莠不齐的信息面前无从选择，难以形成独立的思考和正确的判断。当代青年学生在观察和处理问题时，往往缺乏正确的、鲜明的舆论导向和价值观取向，因而往往容易随波逐流，偏离理想目标，动摇内心信念。因而，在这样的时代背景下，高校校园文化建设面临着巨大的挑战。

灰色文化通过各种途径和方式渗透在校园文化建设的过程中，侵蚀着校园文化的健康发展。"灰色"是指在法律盲点与制度漏洞前提下的道德缺失，主要是指以权谋私、钱权交易、弄虚作假、唯利是图、奢侈浪费等各种社会不良社会风气和生活方式。

大学生的思想尚未成熟，辨别能力较差，易受外在环境的诱导和影响，而大学期间是青年学生社会化的关键时期。社会化的基本含义中的一项重要内容和要求就是青年学生在健康良好的舆论环境和阶段性研究成果。

由文化氛围的熏陶下完成人格塑造。青年学生在这一时期接受的价值观，对其今后的人生有着巨大的影响。灰色文化的各种不良价值观的毒素侵蚀着青年学生的思想观念，对校园文化建设和高校思想政治教育工作提出了巨大的挑战。

（四）专业教育需要思想政治教育的价值导向

思想政治教育的价值导向不是指思想政治教育自身的价值，而是指思想政治教育所传播和发散的教育内容的作用和意义。任何一个时代的统治思想始终都不过是统治阶级的思想，它属于上层建筑—意识形态的范畴。专业教育从其产生之日起，着眼点就是个体的技能培养。更具体说，专业教育是指培养学生的专业技能何在专业领域里的研究能力，就是要帮助社会新生个体努力达到以下目标：具有适应社会快速发展的基本技能和良好的习惯；能够选择有意义、激励自己的工作欲望和热情的工作价值观；掌握具有确立事业发展方向、寻找和获得工作机会的技能；具有一定可以顺利就业、并在职业社会里获得一定成功的职业技能；能成功地将工作价值观融入个人的整体价值结构中，以便能选择自己向往的生活方式。客观地说，专业教育以个体的技能培养为切入点，关注个体生活技能、工作技能及社会技能的培养。在社会主义国家，每个人都是国家的主人，个人与国家是紧密联系在一起的，个人的发展是在国家发展的前提下而进行的。因此，在发展专业教育的同时必须时刻以思想政治教育的价值导向为基础。

1.强化专业教育中思想政治的导向意识

思想政治教育在专业教育中具有核心地位，是由我国的社会主义性质以及高校培养目标所决定的。在专业教育中发挥思想政治教育导向作用，是培养社会主义合格建设者和可靠接班人的需要，也是促进学生成长成才和顺利就业的需要。无论就业政策宣传、择业观的教育还是就业信息的指导、求职技能的训练都离不开思想政治教育为其确定方向。强调思想政治教育导向作用就是要把世界观、人生观、价值观的教育渗透专业教育的全过程，落实到个人成才、择业标准、求职道德等方面。《教育部办公厅关于加强普通高等学校学生就业思想政治教育的通知》指出，要"在开展专业教育工作中，突出理想信念教育，大力倡导国家至上、事业为先，鼓励和支持毕业生自觉地把个人的发展同为国家和人民建功立业结合起来"。在组织机构设置上，要将就业工作机构纳入学生思想政治教育体系中，防止专业教育和思想政治教育出现"两张皮"现象。

2. 细化专业教育中思想政治的导向内容

要建立和完善全程化的就业思想政治教育内容体系，覆盖大学每个阶段。具体而言，大一重点进行专业发展形势教育与自我认知教育，帮助学生了解自身在兴趣、能力、性格等方面的优劣势，树立大学期间的奋斗目标，激发学习动力；大二重点进行专业教育和职业价值观教育，帮助大学生正确处理学业、专业、职业之间的关系，正确理解个人理想和社会需要之间的关系，树立职业发展典型，培养学生行行可建功、处处可立业的择业观；大三重点进行社会实践教育和基层意识教育，通过组织学生参加企业考察、实习、见习等，帮助学生拓宽就业视野和在基层岗位进行工作锻炼，提高学生的社会融入度；大四重点进行职业道德教育和就业适应教育，帮助学生树立责任意识、诚信意识和守法意识，为顺利走上社会夯实基础。

3. 改进专业教育中思想政治的导向方式

相比导向内容而言，思想政治教育导向方式的改善与创新更容易拉近教育者与受教育者的距离。在实际工作中，要妥善处理好以下三种关系：一是导向性与主体性的关系。传统思想政治教育过分强调教育者的导向地位，而将受教育者置于绝对服从、必须接受的被动地位，导致思想政治教育导向作用不能真正"入脑"、"入心"。要使思想政治教育导向性取得效果，首要前提就是建立教育者与受教育者的平等互动关系；同时，思想政治教育导向关系的最终目标是实现教育对象的高水平的自我教育，因此，其实质就是"导"与"学"一体化。二是导向性与渗透性的关系。专业教育中的思想政治教育要有效，不在于向学生灌输过多的理论，而是要通过案例分析、角色扮演、小组讨论等学生容易接受的方式达到"润物细无声"的效果，注重实践渗透性，寓思想政治教育于环境熏陶、传媒渗透和隐性课程（校园生活、社会实践活动等）之中。三是导向性与个体性的关系。要提高思想政治教育的实效性，就要针对不同对象采取不同方式单独进行教育，尤其要重点关注那些在专业与职业发展选择中需要帮扶的弱势群体。

4.提高专业教育中思想政治的导向能力

要发挥思想政治教育导向能力，思想政治教育者必须扮演四种角色：引导者、点拨者、促进者和示范者。要做到这些，就必须加强思想政治教育工作队伍专业化建设。当然，这里所谓的"专业化"更多的是结合本身岗位的基于胜任特征的"专门化"，这种"专门化"除了具有多学科交叉的知识背景、掌握专业教育教学方法以及积累一对一的职业咨询个案外，了解企业用人理念与招聘流程、方法也是非常必需的。思想政治教育工作者要牢固树立育人理念，时刻不忘培养学生成才的终极目的，在专业教育过程中勇于探索和实践提高思想政治教育导向性的方法和途径。

二、高校思想政治教育对大学生思潮的引领作用

（一）高校思想政治教育引领着校园时尚的健康发展

校园时尚是特定时期在青年学生群体中流行的意义、追求、言行方式及其符号载体。校园时尚的承载主体是青年学生，标新赢异是校园时尚的本质特征。在市场经济条件下，青年学生自然成为文化时尚的重要消费群体，商家利用青年学生的文化消费需求，根据青年学生偏爱流行文化的模仿特点，不断推出一连串有关流行的心态、语言和各种象征物，制造一系列的流行现象。

高校思想政治教育在引导校园时尚发展的时候，必须立足青年学生的身心特质和时代特征。校园时尚是以青年学生为承载主体的不定性和不定型的文化现象，会随着文化承载主体的身心发展和外在环境因素的改变而变换不

定。校园时尚一方面体现着青年学生身心发展过程中的各种物质需求和精神需求的不断扩张，同时也反映着作为一个日趋成熟的社会成员个体的自主、创新、享乐的思想意识的日益增长和强化。在缺乏统一价值规范和价值标准的多元化的开放社会中，青年学生由于自身心智的不成熟，缺乏判断、辨别、选择能力，从而导致校园时尚极端化之后的变异趋向。高校思想政治教育工作者要以宽容方式去积极加以引导，而不是以一味抵触的方式去抹杀校园时尚的活力因素。思想政治教育在引导青年学生的时尚文化同时，其本身就是推动校园文化创新和发展的过程。校园时尚融合了其承载主体的青春气息和求新精神，思想政治教育只要合理地加以引导或辅助，必定会激发整个校园文化氛围的活力，从而繁荣整个校园文化建设。

（二）高校思想政治教育担负着修正校园文化异化的重任

所谓校园文化异化是指各种校园文化活动现象由于内含的价值取向和意义追求背离了主流社会文化发展的方向和要求，而被归入社会反文化的行列，从而影响了青年学生的健康成长，阻碍其顺利完成社会化进程。校园文化异化具体表现在语言、符号及行为方式等各个方面，如日常口语表达、服饰打扮、偶像崇拜等。青年学生奇形怪状的服饰打扮中，有的暗含邪恶、暴力、黑暗、堕落和腐化的意义与内容，这是一种校园文化异化的典型。高校思想政治教育如何实现对校园文化异化的修正，必须要认识到如下几个方面的问题：首先，高校思想政治教育工作的基本前提是要认清和把握整个宏观社会大环境的复杂性、青年学生的身心特征及其内在精神需求。

其次，高校思想政治教育工作者在严肃、及时遏止青年学生反常思想或行为的同时，要积极探索各种新颖、有效、生动的舆论导向氛围和途径，防患于未然。

最后，高校思想政治教育过程中必须强化集体主义精神和团队意识。

参考文献

[1] 崔付荣.新时代大学生思想政治教育创新发展研究 [M].北京：新华出版社，2018.

[2] 戴丽红.当代大学生思想政治教育创新探索 [M].成都：电子科技大学出版社，2016.

[3] 董晓蕾.大学生思想政治教育方法的理论与实践研究 [M].北京：北京师范大学出版社，2018.

[4] 胡在东，宋珊，杨文.大学生思想政治教育模式与方法创新 [M].北京：九州出版社，2018.

[5] 黄慧琳.高校大学生思想政治教育与创新能力培养探索 [M].成都：电子科技大学出版社，2017.

[6] 简冬秋，孟广普著.大学生思想政治教育方法新论 [M].沈阳：辽海出版社，2019.

[7] 刘便花.高校大学生思想政治教育创新与实践研究 [M].北京：国家行政学院出版社，2017.

[8] 史庆伟.大学生思想政治教育管理与实践研究 [M].天津：天津教育出版社，2015.

[9] 王楠.大学生思想政治教育创新研究 [M].延吉：延边大学出版社，2017.

[10] 徐建军.大学生网络思想政治教育理论与方法 [M].北京：人民出版

社，2010.

[11] 闫晓静 . 大学生思想政治教育创新研究 [M]. 成都：电子科技大学出版社，2017.

[12] 周成军 . 大学生思想政治教育与创新创业 [M]. 北京：光明日报出版社，2016.